To
Ayawawa

Ayawawa
情感私房课

如何得到
你想要的
&
婚姻
与
爱情
&

&

杨冰阳
（Ayawawa）
著

CS
传媒旗舰品牌
湖南文艺出版社
HUNAN LITERATURE AND ART PUBLISHING HOUSE

博集天卷
CS-BOOKY

目 录
Contents

Part　第 *1* 章　脱单

Part 第 2 章　恋爱

Part 第 3 章　话术

Part 第4章　婚姻

懂得爱、学会爱，
才能得到你想要的
婚姻与爱情

　　由于工作的关系，我经常接触女性的精英人群，比如女明星、女企业家还有女政治家，等等。可能这些成功女性的典范会被很多人视为终身学习的榜样，但是很遗憾的是，她们在事业上的高度可能是我，以及大多数的女性朋友终其一生都没有办法达到和超越的。就算再怎么努力，也不可能每个人都成为女明星、女企业家和女政治家，站到非常高的政治或者商业的位置上。可是如果懂得处理两性关系、懂得情感经营，每个女人都有可能成为儿女双全、家庭幸福、老公疼爱、心满意足的幸福小女人。让每一个女生都能幸福，得到自己想要的婚姻与爱情，这是我做情感咨询和写这本书的初心和动力。

　　经常会有人问我，为什么懂的道理很多，但就是谈不好恋爱、走不进婚姻，或者即使结婚，婚后的生活也不幸福。每每看着这些提问的女孩，我的心里总会掠过一丝担忧和心疼。因为爱情的圆满、家庭的幸福是多少女人的渴望啊，但又有多少女人真正走对了路呢？我见过很多女孩子，遇到自己喜欢的男生，要么毫无原则、抹杀底线地对他好，心里想着，这男生总有一天会被感动吧，总有一天应该能读懂自己的心，但事实却是，男生离她越来越远……要么就是等他等他等他，即使对方有一颗飘忽不定的心，心里也只盼着对方能回头看见自己，总想着他是否"飘"够了就能安定，他玩够了是不是就想回家……凭着一股蛮劲傻劲，尽情地表达爱释放爱，但是用错了方法，选错了方向，所以才有了那一句"为什么生活里的好姑娘总在受着情伤"。

还有一些女孩子，她们崇尚自我奋斗，却经常在追逐梦想的时候把自己引入一个误区，那就是把自己变成了一个名副其实的"女汉子"，彻底抛弃了自己女性的身份。这就好比，男人要投铅球，展示自己强健的体格和男性身体的力量；女人要跳芭蕾，展现自己柔美的曲线和优雅的姿态，这是常理。但是有太多太多的女生，却完全逆规律而行。

她们追求男女平等，宣扬独立，这些本身都是对的；但是如果极端到觉得，女人不需要男人也一样，一味地只想和男人一较高下，其实就很容易在情感里陷入被动，从而错失自己的幸福。因为如果你把自己完全当成一个男人去奋斗拼搏，你的择偶和婚姻很可能成为你事业成功的代价；因为既然你已经成了"女人中的男人"，那么等待着与你匹配的，只能是"男人中的女人"。

沿用我们前面的例子，女人的确一样可以投铅球，甚至可以投得比男人更好；但是你如果希望通过投铅球来展现女性优势、得到芭蕾舞的奖项、让人觉得你气质优雅，最后还能被男性铅球健将所青睐，那就不可能了。

不能一面展现着"雄风"，一面妄想霸气总裁会爱上你，他们只会选择那些芭蕾舞技艳惊全场的妹子啊！就像刘强东只会选择奶茶妹妹，周杰伦只会选择昆凌——他们会选女版"马云"吗？会选女版"王思聪"吗？

这样搭配下来到了最后，投铅球的男人会把跳芭蕾的女人都娶走，剩下的就只能是投铅球的女人和跳芭蕾的男人来配对了。

如果你把自己活成了你想要的男人的样子，那么等待你的，就只能是需要你供养的帅哥或者家庭妇男。

所以，其实很多在事业上特别优秀的女生，不是你不够成功，也不是你懂的道理少，而是你没有认清女性的优势，也不懂得如何发挥自己的性别优势。一方面想得到男人的竞争利益，另一方面又想享受女人的择偶优势，逆规律的结果只能是在感情道路上受苦。

那是不是女人就不能爱情事业双丰收了呢？就不能打拼奋斗吗？

当然可以，而且我特别钦佩那些立志奋斗、拼搏、追求梦想、实现自我价值的女人，因为她们从一开始就注定选择了一条难于常人的道路，那就需要付出更多的努力，男人的能力和女人的魅力两手抓起，才能得到你想要的婚姻和伴侣。而且好消息是，只要你真的做到了两手抓两手硬，你的收获也比别人更多。

在认清了自己的性别优势后，也要学会如何发挥性别优势，不能滥用。比如在我们的生活当中，总会出现这样两种故事：

一种版本是，婚前男人把女人宠上天，任她作闹都处处包容，但是婚后尤其是产后，男人却幡然变脸，各种恶言相向、不理不睬甚至夜不归宿，任由女人带着孩子无计可施。在女人看来，这种变脸是毫无征兆的，她不能理解，为什么男人婚前婚后会有这么大的差别？

而另一种版本是，婚前男人对待女人就不错，到了婚后产后，男人对女人越发地宠爱呵护，令周围的人都羡慕不已。

为什么同样是婚前婚后，竟会有如此大的反差呢？

很多人说，男人和女人的思维是不一样的，但其实很多事情是种瓜得瓜种豆得豆。女人的优势是不能滥用的，为什么恋爱、婚前阶段女生有资本作天作地，而又能让男生一直忍呢？因为此时女生正处于优势地位，价值处于顶点；而男人却处在劣势，价值相对较低。

所以经常会有很多女生，从青春期开始就一直享受着被追求的待遇，习惯了对男友发脾气、讲条件、争吵时用分手威胁对方，而通常男人都会哄着让着求着她们，此时她们正倚仗着自己的性别优势，享受着高价值带来的快感。

但是她们往往都忽略了一点，就是男女双方的价值会随着时间、关系和境遇的不同而不断变化：女性的优势地位并不是永恒的，相反还非常短暂；而男性的性别优势却会在婚后，尤其是女性生育后进一步体现出来，女性和男性之间的优劣势地位会随着时间推移而互换。所以如果你在婚前或者生育之前一直对男方施行压迫，那么在婚后或者女性生育后，男方就很容易反过来对你不好，或者特别容易出轨。

男女的价值是此消彼长的关系：

婚前价值男低女高，决定了男性要投入更多的资源追求女性；而婚后价值女低男高，决定了女性要付出更多的心血维护婚姻。

婚前女性占主导优势地位、享受绝对性别优势的时间是短暂的；而婚后男性性别优势生效，占据主导地位的时间会更长。这乍一看是女性吃亏了，但是你反过来想想：如果婚前女对男的态度，决定了婚后男对女的回报，那么相当于女性用短短几年的婚前良好表现，就可以换到漫长几十年的婚姻收益，这样低投入高回报的感情模式，其实也使女性受益更多。

所以，感情幸福，婚姻美满，都是需要依靠智慧去经营的。

　　很多人以为，懂爱的女人一定是在爱情里摸爬滚打，才能真正读懂男人心。但其实并不是这样的，我第一次在报刊上发表情感散文是在 18 岁，那时候我还没有开始初恋，却已经通过阅读，通过天生的直觉和观察生活的灵感，逐渐摸索到了两性的规律。所以并不是你没有谈过恋爱就一定学不会怎么谈恋爱，经历的男人少就读不懂男人心。恋爱就像手艺一样，是年轻时就该潜心学习的技能。对情感经营的方法，需要通过不断的观察、学习、研究和摸索，才能融会贯通到自己的生活中，而在你的情感路上，我希望自己能够做一个传递幸福的领路人。

　　我经常告诉女生说，要柔柔地的，美美的，不断增加自己的吸引力和魅力。其实我更想告诉你的是，既然做了女人，就要活成女人的样子，活出女人的智慧。其实幸福并没有你想象中那么难，收获美满感情和婚姻的第一步就是要认识到自己先天的性别优势，接纳和热爱自己的性别，同时尊重两性差异，该女人做的事女人来做，不该女人做的事交给男人，体谅和包容男性的性别劣势，努力发掘和激发男人好且善的一面，并展示出自己特有的性别魅力。

　　如果做到了这些，你就能享受到女人的身份带给你的源源不断的好处，感情的幸福、婚姻的美满会不请自来。

关于 MV、PU，
你该知道的事

在这本书里，你经常会看到 PU 和 MV 这两个概念，可能会给你带来小小的困惑。关于 MV、PU 的理论，我在《爱的十万个为什么》里已经做了很详细的讲解，为了便于读者对本书的理解，我再次跟大家做一个小说明。

PU，英文是 "Paternity Uncertainty"，意为"亲子不确定性"，指男性对后代的不确定感。这种不确定感是男性在长期进化过程中形成的一种心理机制，因为在人类的进化史中，女人一直都可以百分之百确定孩子是自己的，而男人永远都无法确定孩子是否自己亲生。这种存疑性构成了男性心理的基石，使得男女在情感中的做法截然不同。

PU 的高低直接决定了大部分男性对于后代以及伴侣的投入多寡。简单地说，当我们提到男性的 PU，也就是说到男人的安全感时，其实指的是这个男人看起来可靠不可靠，而当我们提到女性的 PU，意思就是她看起来让男人放不放心。值得注意的是，即使是有着亲子鉴定技术的今天，男人们也依然沿用着本能去选择和确定终身伴侣。这一点很好理解，就好像你看到一条蛇，虽然它没有毒，但是你的本能会感到害怕，而不会特别喜欢它；再比如说，站到高处，你透过玻璃看到下面可能会头晕目眩，这些都是由我们的本能决定的。你的本能会让你对生活中的任何事物做出最直接的反应，自然也包含感情。

那么为什么要降 PU？首先是为了后代能得到父系的亲职投资，这个具体在《聪明爱：别拿男人不当动物》里有讲过；其次是为了你自己，如果你的 MV 不高，PU 还居高不下，那么你很容易会被短择或者一夜情；有些女人在开始的时候得到了男性长择的意愿，但在相处过程中 PU 不断升高，长择就会变成短择。PU 高还可能导致虐童、报复妻子、性侵等悲剧，所以如果你不想承受不婚、怀孕时没有伴侣照顾、单亲妈妈这类的困难和煎熬，就只能降低自己的 PU。

那什么才是 MV 呢？MV 的英文原文是"Mate Value"，就是"婚姻市场价值"。这个相对比较容易理解，简单地说，一个男人的 MV 的衡量标准主要有八项，就是年龄、身高、长相、财富、智商、情商、性能力和长期承诺。与男人的标准相对应，衡量一个女人的 MV 的八项标准是年龄、长相、身高、罩杯、体重、学历、性格和家庭环境。你的 MV 越高，在婚恋市场上就越受欢迎。

以上是对 PU、MV 这两个抽象概念的定义，为了让你能够更好地理解，翻译为白话版应该是：

女生要降低 PU，意思就是：你平时不要穿太暴露的衣服，不要总发裸露的照片，不要穿比基尼和其他男人合照，走路不要和别人勾肩搭背，平时不要和男生搂搂抱抱，晚上不要总是混迹在夜店，不要总喝酒，让别人觉得你的私生活很乱。说话的时候不要盛气凌人，不要太作，不要矫情、强势，别仗着自己是女孩就欺负对方，不要总让对方给你买这买那、不讲道理。不要吃着碗里看着锅里，不要总是跟前男友搞不清楚，不要劈腿，不要把男人当傻子。女孩要有礼貌，行为淑女，举止大方，说话温柔，动作轻缓。要明理懂事，懂得体贴他人，学会换位思考。走路不疾不徐，笑容抿嘴就好。专一、矜持、自爱、自尊，活得像个女人，而不是女汉子。

而女生要提高 MV，意思就是不要把时间浪费在不爱你的男人身上，把自己的青春耗费在不值得的人身上，要趁着年轻多读点书，提升自己的思想，在最青春貌美的年纪提升自己。要多出去旅游，多学习，多经历，多长点见识，多穿裙子，梳妆打扮，穿衣要优雅，保持小蛮腰和好皮肤。平时别总哭哭啼啼，遇事要沉稳有主张。此外，还有很多雷区不能踩，比如看不起对方的母亲、讽刺对方的性能力、对前任依依不舍等，这些都会让你在男性心目中的 PU 值爆表，给你们的关系带来非常不好的结果。

如果上面这些你都可以做到，那你一定可以收获一个非常完美的伴侣，因为男性同样需要去不停地打拼，需要不停地提升，才能够遇到最美好的你。

Ayawawa

情感私房课
如何得到你想要的婚姻与爱情

Part 第 *1* 章

脱单

提升 MV，
修炼专属于自己的女神范儿

经常有女孩问我，如何修炼成真正的女神，让男生在刚开始接触时就打心眼儿里把你当成女神级人物，爱慕你，尊重你并且追求你。

有的人觉得，只要颜值够高，长得好看，就是女神了，可是等她们一开口说话，再看看她们的朋友圈，男人的眉间早已拧成一团，打消了要跟她们继续交往的念头。因为她们只有好看的皮囊，有女神的面貌，却没有女神的真心、女神的内核。

有的人可能觉得端庄才是女神范儿，比如周慧敏、赵雅芝、张曼玉，但女神也有高冷的，比如王菲；有可爱俏皮的，比如迪丽热巴；有知性的，比如林志玲；也有清纯的，比如高圆圆……每个人对应的特点都不一样。如果你看到一个女神，为了变成她的模样，和她成为一模一样的人，从而丢掉了自己的本性，一味地去模仿，即使你最终相貌跟她像了，言行举止也相似了，但那并不是真正的你，你的魅力仍然是减分的。前不久微博上有一个寻找真正的 Angelababy 的段子，很多模特花了上百万把自己整成了 Angelababy 的模样，相似度可谓连黄晓明都未必能分得出来，但即使长得像 Angelababy 了，就一定能嫁给黄晓明吗？就能吸引到你想要的男神吗？答案是可想而知的，因为任何看到你的人都会觉得你活在别人的阴影下，你追随的是另一个人，内心渴望的也是成为另一个人，但是丢掉了真正的自己。一方面这种"装"会让自己很累，而另一方面别人也会觉得你很做作。大家都知道"东施效颦"的故事，东施的模仿被反感了千百年，难道她只要整容成西施，就能被接受了吗？不能的。所以，女孩要修炼女神范儿，首先要了解自己、接受自己，你的美貌是你自己专属的，你的个性也是你自己专属的，这样你才能成为这世上独一无二的女神。

那么，要怎么样才能进阶为女神呢？

首先，要提升 MV。提升你的外在美貌度：减肥瘦身 / 护肤美白，同时也要注意穿衣打扮。关于减肥瘦身，我以前遇到过一个女孩，她身高 160 厘米，体重 58 公斤，她很清楚自己的体重超标，算是在胖子的行列。但是就是管不住嘴，每天热衷于查询"女明星私下流传的不节食不运动减肥秘方""21 天让你不吃不运动还能瘦"等花式热帖。有一天还给我发消息说：娃娃，你一定有很私密的减肥瘦身秘诀吧？告诉我吧，我不相信减肥就一定要靠少吃多运动的土方法，而且见效还那么慢，一定有什么捷径是我没发现的吧？我回复她说，还真没什么捷径，要想减肥瘦身，女孩还真就需要把自己的思维调整成傻瓜模式，每天认真执行两件事：少吃 / 多运动，也就是我们常说的管住嘴，迈开腿。不要有侥幸心理，觉得你吃了两个面包，肯定不会那么快就长胖吧？办了健身卡，花了那么多钱，一定就能瘦下来吧？一周只吃了苹果，是不是就能快速瘦下来？不运动的花钱，是不会有任何效果的，而过度节食，虽然可能会瘦，但是你的健康呢？一个没有精神／无精打采／整天病恹恹的瘦子同样是扣分的。

关于护肤美白，也有两个秘诀，就是基础保养要做好，水乳精华不能少。你只要做到认真补水，定期去角质，按时做面膜，美白精华用起来，你的皮肤就不会出现非常大的问题。同时我还要说的是防晒霜真的很重要，因为让你变黑的最主要因素是阳光，想美白一定不能忘了它。我现在每天出门再怎么偷懒都会涂防晒霜，夏天出门也一定会打伞，因为头发也需要防晒。了解我的人都知道我是一个防晒控，市面上几乎所有的防晒产品我都用过，可能也是这个原因，见过我的人都会觉得我很白。美白并不是一两天就能见效的事情，所以姑娘们也需要坚持。

关于穿衣打扮，我给大家的建议是要学会配色，追随时尚达人。可以多看看杂志上的街拍，看看模特们都是怎么搭配的，即使觉得款式不适合自己，也可以看看她们的配色，配色学好，搭配就能提升一大截。微博和各种时尚 App 上有很多很会穿衣打扮并且乐于分享的博主，大家可以去关注参考一下。我有一个朋友，之前是一个很土很普通的女生，但是自从开了公司以后，专门请造型师帮忙设计了发型，定制了更适合她的衣服，时尚感马上得到了提升，人也变得很美。对于普通的女孩来说，也许请不起特别贵的造型师，但是你可以成为自己的造型师，让自己变得更美。

当你完成了以上三项，再加上化妆，大多数 MV 为三四分的妹子都可以提高一两分，如果还想提高到七八分，可能就需要借助于微整，这一部分我就不多说了。

提升完 MV，还需要提高一些内在的修养，多读书，开阔视野，提高自己的情商。

知性有内涵是女神的一个重要特点，你很难想象一个经常一惊一乍的女孩能被男生称为女神。有见识，对事物有独到的见解，这是女神必备的条件。"奶茶妹妹"当年一夜成名，但是并没有像其他网红那样每天靠发自拍刷存在感，而是不断为自己的学历 / 阅历 / 人脉等方面增值，最终在美国哥伦比亚大学求学时认识了刘强东，并且与之结为夫妻。因为有见解有远见的女孩会明白，空有漂亮的皮囊，也许在刚与男神接触的时候会加分，但长久的相处，能够吸引男神对自己从短择变成长择，需要的还是在长久的相处中能够持续不断地散发自己的魅力。

多读书，考取名校需要的是比常人付出更多的努力；职场升值加薪，背后是无数个加班修改方案，不断地自我充电；好身材是要舍弃很多可口的美食，即使累得不想动，也拼命逼着自己多运动，坚持很多年持续锻炼的好习惯。所以美女都是狠角色，人前风光，人后修炼，把苦藏在别人看不见的地方。那些你看着耀眼的女孩，一定是在背后付出了比常人多很多倍的努力。所以如果你幻想成为她们当中的一员，渴望自己活得又瘦又美又风光，就只能有一颗比别人更为努力的心，有与时俱进的思考力，有辩证看待事物的眼光；聊到一个话题的时候能够站在一个更高的角度，提出自己的见解，而不是在复述别人的观点，人云亦云，这样你的聊天内容才是有灵魂的，能讲出自己的思路，让人眼前一亮。作为一个女神，基本的历史 / 经济常识你都要懂一点，还有一些男性感兴趣的理财知识。如果平时你真的没时间看书，那不妨多听一些可以让你增长见识的电台，为与别人聊天多增加一些内容和谈资。

同时还要兼具高情商。

记得林志玲在录制《天天向上》的时候，当时欧弟穿的是铆钉的衣服，林志玲不小心一只手打在欧弟身上，当时就流血了。但是她面不改色地继续说话，丝毫没有中断节目录制的意思，直到汪涵看到，让工作人员赶紧送上纸巾。可是为了避免欧弟尴尬和愧疚，她还是不忘撒娇地说："没关系啦，是我打欧弟的时候手重了！"你会发现，一个高情商的人会让人感觉跟她相处很舒服，而这种舒服是生活中方方面面的，是让很多男生向往的。关于现代人择偶的条件，你问他什么要求，他往往会说"要求不高，两个人在一起舒服就好吧"。那其实这个舒服，指的就是女孩的情商，怎样去跟别人相处，以及处理生活中方方面面的事务。有些女孩知道自己的情商不够，不太会与人相处，不太会处理事情，那怎么办呢？你可以跟身边情商高的人做对比。如果身边有范例，就多看看他遇到事情是怎么做的吧，然后去模仿他的言行。在一开始可以完全模仿，等学得八九不离十的时候，再适当地在模仿中加一些自己的特色，就变成自己的行事风格了。

想修炼成女神不是一朝一夕的事情，也不是光靠衣服和化妆，甚至打几针瘦脸针就能达到的，它需要你内外兼修，时刻注意提升自己、完善自己。只有你了解自己，并清楚自己想要达到的高度而且愿意为之努力的时候，你才有机会变成真正的女神。愿你首先成为自己的女神。

私房课

她们都是如何变女神的，你也可以

快速提升 MV 和蜕变的秘诀——有什么事情在你做过之后，能产生让人眼前一亮的改变呢？我们一起来看看其他女孩的私房分享吧。

/ 女 神 体 重 表 /

身高（CM）	完美女神（斤）	微胖人士（斤）	肥胖人士（斤）
150	80	>85	>90
152	82	>87	>92
154	84	>89	>94
156	86	>91	>96
158	88	>93	>98
160	90	>95	>100
162	92	>97	>102
164	94	>99	>104
166	96	>101	>106
168	98	>103	>108
170	100	>105	>110
172	102	>107	>112
174	104	>109	>114
176	106	>111	>116

1. 这世上的一切都是瘦子的

身高不同，对美的要求不同。想要变美，就要对自己狠。前段时间在网上广为流传的女神体重表，对照一下，看看你达标了吗?

2. 小细节里蕴藏大乾坤

Keyword 关键词 **眉毛换妆变女神**

曾经一次买化妆品，有个化妆师帮我修了眉毛，不是很细的，只是把杂眉修掉了，立刻感到什么叫作眉清目秀。最近试着贴了一次假睫毛，瞬间感觉到整个人气质提升了不少，很漂亮。

Keyword 关键词 **头发保养**

很多美女都忽视头发的保养，其实一头漂亮的头发尤其重要。之前我的头发很不好，像稻草一样，后来换专业沙龙不含硅的洗发水，勤做发膜，最重要的是每天两勺黑芝麻，效果拔群。现在已经是黑长直啦。

Keyword 关键词 **发型提升女人味**

一秒钟提升女人味：把头发拨到单侧，女人味立马提升。

用卷发器卷刘海，每天只要一分钟不到，就有光滑蓬松的空气斜刘海，特别显脸小。整个脸都会和谐、柔和很多。

3. 女神也要靠衣妆

Keyword 关键词 *明白自己的优缺点*

提升外在 MV 最重要的就是得明白自己的优缺点，一定要精心修饰自己的缺点，展露出优点。脸大就多留些头发在两侧，显脸小，腰粗可以穿收腰且下摆蓬一点的裙子，买衣服一定要买能提亮自己皮肤颜色的衣服，任何让你穿上显得脸色暗淡的，哪怕款式再好看都慎买。

Keyword 关键词 *矮妹如何变女神*

我是矮妹，A 杯，清楚自己的缺点，平时都尽量穿高跟的鞋子，也都买能显胸的衣服。自己平时喜欢的都比较文艺，所以按照自己瘦瘦小小的形体走了小清新的路线，身边的朋友都觉得我的穿着打扮为自己加分许多。个子矮的女生，建议平时多看看宋慧乔的服装搭配，她经常选择高腰裙，搭配高跟鞋，能将腿修饰得修长，而上身穿泡泡袖或者衬衫上挽，能将手臂粗的部分遮住，细的部分露出，显得整体身材非常纤细有型。

Keyword 关键词 *不会打扮的女生如何巧变女神*

我原来是一个很不会打扮的女生，长得不丑也不算美，平时就是牛仔裤加小衫，基本没什么搭配，就知道穿裙子时配双高跟鞋。后来关注服装搭配公众号及杂志，逐渐改变，先是穿好基础款，然后加一些小配饰，逐渐找到适合自己的服装。再然后开始用基础款搭配个性款，配饰选择上也逐渐走向个性化，周围朋友都觉得变化还挺大的。

　　美国的世纪大选让新任总统特朗普为大家所熟知，更让他的女儿伊万卡进入大家的视线，然而对于她，人们却存在着截然不同的两种评价——

　　有人盛赞伊万卡，说她不但是名副其实的白富美，拥有着美貌、气质、修养和富豪老爸、富二代老公、三个孩子，更是真正的人生赢家，通过在美国女权事业方面的努力，实现了自己的价值和影响力。

　　而另一些人对她的评价却比较负面，甚至称她为"男权社会里最如鱼得水的女性角色""牛人老爸优秀孝顺的女儿""最体面的装饰品"，言外之意是，即使是如此优秀的女性，仍然是男权社会的附庸品，是弱势的存在。

　　为什么对同一个人的评价会如此两极分化？做一个女人当真就这么惨？

　　回答之前先卖个关子，跟大家分享我的一个小经历：

　　2016年下半年，我的工作重心之一是参与中国门萨的建设，为了配合门萨国际总部工作，我投入大量时间、精力来提升自己的英语水平。

　　虽然结果令人满意——四个月的突击之后，我的写作速度从百词 /小时提升到了千词 / 小时，口语能力从只能依靠翻译变成直接沟通无障碍——但是过程却异常痛苦，以至于即使我做足了心理准备，还是忍不住会时不时跟身边朋友抱怨几句。而朋友们对于我的抱怨，通常都表现得非常理解，也会耐心地鼓励和安慰我。

　　大家还会帮我支着，给出一些建议和技巧。其中有一个新认识的德国女孩，因为不了解我已婚的身份，给出了一个很"有趣"的建议，她说："找个外国男朋友吧，或者把你的照片放在国外社交网站上，会不停有男生跟你搭讪，聊你想聊的任何话题，你的英语一定会突飞猛进！"事实上，虽然我最终没有采用，但这个方法确实有效，因为她自己就用此法迅速提高了英语水平。

　　说到这里，我们不妨来换位想一下：如果现在是一位男性，想要快速提高英语水平，他会面临什么样的状态呢？

　　首先，他可能要花费比我更多的时间和精力，要想获得相同水平的英语技能，男生要付出更多，代价更高——因为普遍来讲女性在语言技能方面，具有先天的性别生理优势。

　　其次，他可能无法像我一样抱怨和求助。因为在大多数国家的文化中，女性示弱很容易得到理解和帮助，而男性承认自己能力不足却会被视为一件"丢人"的事情——这说明女性更容易得到社会认同，相对男性，人们更愿意倾听、尊重和理解女性。

　　最后，就算他是单身，他也没有"捷径"可走，得不到"免费"的锻炼机会。如果男性把自己的照片放在社交网站上，被搭讪的可能性肯定远远低于同等颜值的女性——可见女性拥有更多潜在的性别机会优势，而这种性别优势是有实际价值的（想想男生请外教花掉的钱，女生交朋友就可以省下了）。

可见，仅仅在"提升英语水平"这一件小事上，就显示出了女性相对于男性的若干项先天性别优势。

而其实类似的女性性别优势的体现还有很多，我们经常在无意识地运用，只是根本就没有意识到而已。

回到文章开头提出的关于对伊万卡评价的问题：

赞扬她的那部分人，很明显是意识到了伊万卡的聪明之处——她承认并热爱自己的女性身份，良好地发挥运用了自己的女性性别优势，造福了自己的同时，也为女性同胞争取了权益、做好了榜样。

而脱离实际、刻意否定伊万卡自身女性价值的人，往往是因为他们没有意识到女性性别优势的客观存在，对身为女性的优势视而不见，只是一味地纠结于自己的性别劣势，最终深陷痛苦的心境。

要知道，身为女性，我们的女性性别优势存在于生活的方方面面，它就像每个人的双手一样。你没有一刻不在使用着双手，以至于太过习惯而忽略了它们的重要性和存在感。

那些能更早学会发现自己性别优势的姑娘，无疑会更容易收获幸福；而那些一味蒙住双眼、自怨自艾的姑娘们啊，难道你们要等到失去"双手"时，才学会珍惜和享受它们的陪伴吗？

单身女孩
如何培养好嫁气质

在做课程培训的时候，经常会遇到单身女孩如何脱单的问题。很多女孩好奇如何培养自己的"好嫁"气质，让自己有更高的婚姻价值，能够更快更好地找到好的伴侣。我给大家的建议是可以从以下几方面提升自己：

一是多给自己一些心理上的安全感。

在与异性交往的过程中，很多女孩会害怕自己上当受骗。我有一个粉丝就曾说过，她很想结婚，对待婚姻的态度也是严肃的，但是一直都没有找到合适的伴侣，很大的一部分原因是她对待感情太理性了。尽管周围的朋友都建议她说感情多数还是要看感觉的，太理性反而会把对方吓跑，但是她特别害怕上当受骗，总觉得自己已经不是年轻的小姑娘了，在感情上完全输不起。可是判断一个男人对你是否真心，这虽然也有技巧可循，但是相对来说是非常难的。

提防男人，缺乏对异性的安全感，是很多单身女孩的共性。我们都知道，在感情上的失败经历经常会影响到一个人对自我的认知体系，如果遇到过渣男或者曾经被伤害感情，那么一方面可能女孩的心理会从自信转向自卑，觉得自己不太可能或者不配有更好的爱情，而陷入这样的心态，一旦有人对你好的时候，内心就会有一种天然的警觉，觉得他是不是有什么其他的目的。而另一方面，我们每个人的体内都有一套自我防卫系统，女性是很难将情与性分离的，所以在感情里很难像男性那样洒脱。每一段感情的终结，都可能让女性受伤，而对曾经被伤得最重的那一部分，脑神经元会默默地记住，一旦要有类似的事情发生，会形成条件反射，提醒你可能再度受伤，所以你的自我保护意识会更强。如果再加上周围一些失败的情感案例，闺密的诉苦，朋友在恋爱或者婚姻里的不幸福，甚至每天新闻报道里那些男明星出轨、单纯的女孩被骗，等等，都会加深女孩对情感关系的不信任感和畏惧。

学会保护自己当然是好事，但过度地保护自己，总是处在防范的状态，就会错失很多幸福。所以单身的女孩在与异性相处时要尽量学会坦然一点，多给自己一些对异性的心理上的安全感，才更有可能尽快找到更理想的伴侣。

二是要学会落地，正确评估自己的婚姻价值。

Miranda 是个常春藤毕业、工作履历耀眼、年纪轻轻就当上部门主管的职场丽人，在圈内也算是小美女一枚。只可惜，她也没能逃脱高知女性的"魔咒"，三十有余的她依旧没有脱单的迹象。

"不是不想恋爱，而是心动的对象太少。"她经常如是说。

如此条件优异的美女，并不乏男人追求，也常常收到他人的热心介绍，只是她内心有自己的小骄傲。以她的能力和资本，常常会觉得周围人都乏善可陈，每当周围的人问起她对伴侣有什么要求时，她总会轻描淡写地说："我觉得他至少不能比我平时工作接触的男人逊色吧？如果事业做不到这么出色，能像 Rain 一样帅也可以呀。"要知道她平日工作接触的都是各公司的 boss，这样的男人哪里会需要别人介绍。听闻这样的话，大家一般也就都不了了之，不会自讨没趣了。

一个偶然的机会，Miranda 成了我们公司的客户，主要诉求是脱单，我开导她："你作为漂亮女生，初入职场的几年里，肯定在不知不觉中得到了不少帮助和指导吧？但是和你同期的男生可就没有这么好运了，作为没有经验和成绩的职场新人，不被踩压已经很幸运，更别提帮助和教导了。所以通常来讲，35 岁之前，女生的职场平均成就会比同龄男生高，上升速度也比男生快，原因之一就是他们发挥了自己的女性性别优势。但是纵观整个职场，可以看到 35 岁之后情况常常会反转，很多男人会在这个时期厚积薄发地赶超上来。所以我们常常看到，四五十岁的各界成功人士中男人的比例大大高过女人。这说明男女的性别优势有各自不同的发挥时机。"

见她隐隐被触动，我接着说："我知道，有很多像你一样优秀又努力的女生都成功得比较早，但是在择偶方面，希望你可以多给身边的适龄男人一些了解的机会，这些人中很多人其实有潜力，只是需要多一点时间。"

少时沉默后，Miranda 说："可是我对那些不特别的男人就是爱不起来，只有事业上极其成功的霸道总裁或那些看一眼就让人分泌荷尔蒙的小鲜肉才会让我有心动的感觉，大不了不求天长地久，只是生个孩子也行啊。"

我说："你是金融圈的，对数字敏感，那么我跟你单纯算一笔经济学的账：如果有人出钱买你的父亲，出多高的价格你肯不要你的父亲？换句话说，你觉得一个父亲值多少钱？"

Miranda 毫不犹豫地说："多少钱都不卖。"

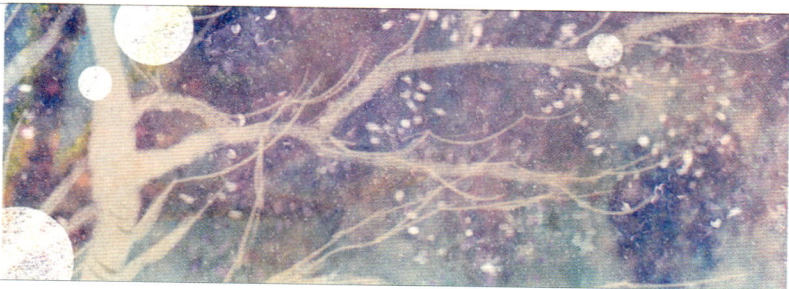

我接着跟她算道：以目前一线城市的物价来算，从孩子出生的那一刻起，衣食住行、教育、医疗等费用全部加起来，一名父亲至少要提供1万元/月的物质资源，这种情况直至孩子22岁大学毕业，总计264万元，这其中还不包括22年来的通货膨胀。此外，这些仅仅是物质方面的养育价值，还没有包括父亲对孩子的关心疼爱以及相处中留下的无数美好回忆。

所以，如果你选择和一个明知不会给你未来的男人生孩子，就相当于你在孩子出生前就为TA"预约"了一个单亲家庭，提前透支了孩子一生的父爱以及近300万的养育价值，从而"购买"了你的高攀对象的短择。

孩子会想要一个无法朝夕相伴、顶多每月给赡养费的"提款机"父亲吗？会想要一个只是给了TA好基因让TA拥有高颜值，但一年都见不到几次面的"偶像"父亲吗？不会吧。

孩子想要的一定是一个不是最富有也不是最帅气，但是很疼爱TA、可以陪伴TA成长的父亲。

孩子的感受只是一方面，"只是生个孩子"意味着你将不会得到婚姻和长久的陪伴，日后几十年的人生都要一个人度过，到时候的日子会比现在更加孤寂难熬。

所以，每当女生想要不惜一切代价高攀本不属于自己的男人的时候，可以先设想一下自己想要孩子生活在怎样的家庭氛围中、是否确定要把孩子的亲代福利提前用在自己的身上，这些或许可以阻止你做出"一时脑热"的选择。

三是要学会过俗日子。

婚姻是一种很俗的状态，如果你像找人生导师那样去寻找一个丈夫，没有哪个男人能做得到。每一个男人在外面都会尽可能表现自己特别好的一面，所以我们经常看到一个男人在外面特别绅士，可是回到家里就会有特别不绅士特别邋遢的一面，关键是你能不能接受这种两极分化。如果你非要找一个各方面都符合你高要求的精神伴侣，我相信这样的女生一定是不适合走入婚姻的。

生活有时候是要接一下地气的，我有一位男性朋友，他说特别害怕女生对什么事情都高要求，对生活的品质要求极高，物质生活有了保障，对精神要求就更高，跟这样的女生相处，会觉得非常累；相反的，有一些女生也许长得不是特别漂亮，但她们的生活很接地气，也特别容易满足。比如你给她买一个什么样的礼物或者带她出去玩，她会特别快乐，对生活中的一切都抱着一种感恩的心态。男性其实很在意跟女人相处的那种成就感。如果你总是对别人要求太高，认为自己经历得多看得也多，没办法看到追求自己的男人的闪光点，这就造成了你异性缘受损的最大障碍。一方面不接受比自己差的男人，一方面既不愿意，也也不懂得如何与和自己条件相匹配的男人相处，要求所有的男人都为你做事，臣服与你，这对于男性的自尊来说也是一种挑战。

追求自己的生活质量没有错，追求自己的精神享受也没有错，我觉得这样的女生反而能活出自我风采来，但可能不会局限于婚姻／用爱情装饰生活，因为感情对她们来说，是特别理想化的，如果不如意，宁可不要，认为即使一个人，也能活得很好。但如果想进入婚姻，就需要调整一下自己的心态，能踏踏实实地过小日子。比如跟异性聊天，对精神层面要求很高的女生，可能会在意两个人的话题能不能聊到一起去，对一件艺术品的鉴赏，或者对一部电影的赏析能力是不是相匹配。当然，这样的女生不会看那种很肤浅的喜剧或者很多男生喜欢的格斗片。但是这种情况找一个差不多的朋友还容易一些，因为人们对待自己的伴侣和对待朋友是完全两种不同的状态。对待朋友会想展现自己更好的一面，讲一些更有深意的话，让自己看起来更得体更有意思，但是回到家里跟伴侣聊的可能就是今天吃什么，最近的工作压力很大，水费燃气费都应该交了，怎么这个月的花销比上个月多了那么多，等等。听来好像特别俗气，但这就是生活最本真的状态，也是一个人最真实的、朋友未必能看到的状态。如果你非要抱着找知己找人生导师的态度去找伴侣，那么难度可想而知。所以单身的女孩，要先学会能够接受俗日子，才能过上好日子。

四是要发掘自己的女性特质。

我们常说女人要活成女人的样子，要人美、嘴甜、性格随和温柔。男人是视觉动物，当一个更漂亮/时尚，让他看起来更舒服、更有亲和力的女生站在他面前的时候，他肯定会更为心动。所以单身的女孩不能太懒，要学会收拾自己、打理自己。当你变得更美、更女性化的时候，就很容易找到比较雄性化的男人，也就是比较有主见/在事业上比你强的男人。但如果你把自己活成了女汉子，热衷于参与雄性竞争，就会比较容易遇到中性化甚至偏女性化的男人。所以如果你想要得到一个雄性化的伴侣，就努力让自己变漂亮/性格变得更好并且学会如何与人相处，提高自己的情商，才能更容易遇到你想要的伴侣。

我经常看到身边的一些女生，把自己的生活安排得很满，学插画、学钢琴，甚至学厨艺，感觉生活过得有滋有味。当然，学这些才艺，也是给自己的女性特质加分。但是如果你把自己的时间安排得很满，哪里还有时间去认识更多的男生呢？

并不是所有的技能学会之后，婚姻就能圆满。有很多看起来很完美的太太，最终还是"被离婚"了，离婚的原因就是她们从来都没有懂过男人的心，不懂得怎么去跟对方相处。爱是一种沟通能力，不是说你学会了泡茶学会了做饭就有可能成为完美太太，男人还是希望这个女人能够成为他可以说话的人，至少是可以在很多方面沟通的，有话题能聊到一起去的。我有一个朋友，她什么活都不会干，家里的家务基 本上都是她老公来做，她跟我说，她老公做家务的时候，她就在一边拿着一个小风扇跟在老公的后面吹，听老公讲工作中遇到的烦恼，给老公讲她今天听到的小笑话，帮助他排遣内心的苦闷。她老公满头大汗地擦着厨房拖着地，但还是心里觉得特别快乐。所以女生要修炼的是一种能够让对方在与你交流时感觉到快乐的能力，而不是简单地去学一些技能，学一些才艺。因为才艺和技能也许能够让男人觉得你有照顾家的潜质，但能不能成为一个让他心情愉悦的好太太，能不能成为他想娶回家的人选，还是要看你能不能跟他更好地沟通，让他在心理上更快乐。

私房课

**精神独立的女孩
如何寻求恋爱**

Q 问：

　　我现在 25 岁，从小就是典型的好学生，高中毕业考到香港大学，毕业之后，顺利进入外企，在同龄人中也算高收入（年薪 60 万港元）。或许一直自视甚高，曾经错过了一些好男生，总觉得自己收入不错，就得找一个收入更高的。可是看了娃娃姐的微信，才知道男生找女生，根本不看重女生的收入，收入过高或许反而成为障碍。现在努力在降 PU，升 MV，但平时工作实在太忙，很少有机会接触到单身男生。另外，因为工作的关系，自己要比同龄人成熟很多，看人看事都比同龄人明白，也特别受不了不成熟的男生。我想请教一下，怎样增加自己接触男生的机会。还有，男生会因为女生在工作上的成熟而不敢接近吗？心态成熟的女生，应该怎样选择对象？

A 答：

婚姻市场的一个规则是：钱换颜，颜换钱。也就是说，如果你有钱的话，你可以用钱去换别人的颜，但是你不能用你的钱去换别人的钱，也不能用你的颜去换别人的颜。所以说，你可以考虑一下，你的颜可以换到多少钱，而你的钱可以换几分的颜。

你说你平时工作太忙，很少有机会去接触单身男生。要知道，女人的学历和圈子可以决定你能接触到什么人，而长相又决定着你能吸引到哪种人。当然颜值特别高的不在此列，哪怕是小学文化走在大马路上也能被发掘从而成为女明星。

你现在的情况是：你的工作可能让你没有太多时间去接触自己喜欢的男孩子，但是你的相貌又不足以吸引他们来靠近你。既然你已经意识到了"男生找女生，根本不看重女生的收入"，既然你已经放下了女生的钱可以换到更多钱的心态，针对这种情况，我建议你可以报一些高端的旅游团，或者高端的征婚配对，在这里面看看有没有合适的。

你说你"受不了不成熟的男生"，这就意味着，你在择偶中可能没有办法介意对方的婚史和孩子。男人就是比女人成熟晚，你现在喜欢的那种成熟大叔，他们在跟你同龄的时候还只是青涩的毛头小伙子。既然你没有耐心去等那些不成熟的男生变得成熟，既然你只想摘熟果子，那就意味着你在对方的婚史上要放宽要求。

至于男生会因为女生在工作上的成熟而不敢接近，答案是否定的。

男人不会因为女人的成熟而不敢接近，他们只会因为女人在工作上的强势而不敢接近。你没看到这个世界上有那么多男下属暗恋自己女上司、追求自己女上司的吗？再说了，你和你的伴侣在一起会天天聊工作吗？不会吧。

你的来信使我想到了，很多年前也有个女生给我写过一封信，叫作"精神独立的年轻女孩怎么寻求恋爱"。我跟她邮件来往了几句后，便发现她在国内肯定是找不到对象的，就没有回了。她当时写信给我的时候是 23 岁，现在应该马上就 27 了，似乎还没谈恋爱。

看到你的问题我马上就想起了那个女孩，她跟你说话的方式几乎一模一样。说句实话，她当时醒悟得比你还要早一些，她考虑这个事情还要更早一点。你现在的状况跟她还是蛮像的，好在你的心态比她更谦和一些，所以我希望你能够把心态放得更平一点。这不是贱卖自己，而是意识到自己真实的伴侣价值没有你想的那么虚高。

很多女孩都是年轻的时候在拼事业，然后看不上和她们同龄的男生。但是，她们忽略了一点，那就是，男人在职场上的爆发力是很强的。

你们看演艺圈里，大部分的女演员也就只有二三十岁这十来年有可能会红，如果三十多了还没有出名、没有红起来、没有成影后的话，可以说她以后还想再红基本是不可能的了（像林志玲这样三十多岁才红起来的真的是非常少）。但是男人不一样，很多男人都是三四十岁才红的，而且一红就红到老，红上几十年。职场上也是一样，五十多岁的男领导比比皆是，可五十多岁的女领导有几个？再说了，有多少女孩是真的想成为那样的女领导？有多少女孩想成为胳膊上跑马的铁娘子？不见得有很多吧。

我建议你还是要想清楚，你想要的是什么。你是想成为那样的铁娘子，还是更想你的老公是大单位的领导，而你是领导的老婆？如果你想要的是前者，那么你就要努力在事业上奋斗。如果你想要的是后者，那你现在就要去努力，因为你现在身边的、接触的人就是你的未来。而且最关键的是，你希望找到被你的钱吸引来的男生吗？我想你不会希望的。

如何经营微信朋友圈，
让男神主动追过来

在当下，以微博、微信为首的社交软件已经全面占据了我们的生活，尤其是微信，不仅影响了我们的衣食住行，更影响到了我们的感情。我们都知道，很多为爱奋斗的女孩子都非常注意自己的脸，为了提升自己的颜值，美容、护肤甚至去做微整，因为她们知道，颜值越高的女生越容易吸引优质的男性。而朋友圈就相当于你的第二张脸，你的情趣爱好、生活习惯、性格等都蕴含在里面。亲朋好友介绍，首先会推送微信；与相亲的男生见面，他添加微信后会通过朋友圈对你有个大概的了解；偶然结识的异性，也会通过朋友圈找话题增加彼此的互动……我们会发现，在移动互联网时代，我们整个的恋爱过程，除了见面能做的活动外，其他都是通过手机软件尤其是微信来完成的。

我们还发现，从认识到确定关系，在微信上你和他所走过的这段路，这段相处的过程，其实是专门为女生设置的，因为在两性关系里，女生是不能倒追的，但遇到了心仪的男生，你完全可以想方设法去吸引。朋友圈的建设，就是在帮助女生建立吸引，掌握主动，而这种主动又变得非常被动，让男生不易察觉。

在经营朋友圈的过程中，首先要学会设置头像。头像必须是本人。因为头像是一个人的网络形象，尤其是在添加好友阶段，这个形象有最直接快速的吸引力。选得好，男生会第一眼就看上你，主动和你打招呼，选得不好，如果没有介绍人强大的背书，对方不是非跟你聊不可，多半会折损了男生跟你深聊的兴趣，你也可能因此错过了一个优质的男生。那么头像要怎么选？

我给大家的建议是，你可以多拍一些风格不同的照片，然后拿给身边最毒舌的男生看，以他的评判为标准，挑出最好看的一张设置为头像。五官要清晰，要能达到肖像级别。一般来说，旅游的全景照和全身照是不适合做头像的，因为头像的显示框很小，全景照和全身照里的人物看不清全貌，很难为自己加分。照片的背景也不要太复杂，就像杂志封面人物照一样，你会发现背景越单一，人物越精心打扮、表情到位，越能吸引人的眼球。

其次是注意自己发朋友圈的时间和内容。时间上，三更半夜就不要更新状态了，跟异性的私聊也不要持续得太晚，早点道晚安，你要让男生知道你是一个作息非常规律、有节制又生活健康的女生。内容上，首先要测试自己发在朋友圈的信息受不受男生的欢迎。这个要怎么测试呢？主要看男生点赞数和评论数。一般来讲，点赞是虚的，评论是实的，只有你发出来的内容是男生感兴趣的点，并且能让对方更容易找到可评论的点，他们才会更愿意延续话题。像有些女生，经常发美容、逛街、所看的韩剧的照片，虽然下面留言也很多，但吸引的多为女生。如果你因为评论数多就误以为已经吸引到了男神，那就错了，因为他的世界跟你不是叠加的，你发的内容自然不是他感兴趣的，你发得越多，他越想从你的世界逃离。

那么，如何来判断男神的兴趣爱好呢？

如果你还没有固定的男神，在朋友圈只是希望能够吸引更多男性的关注，那么就一定要更多地针对男性的兴趣发朋友圈。你可以拿出一张纸，闭上眼睛，仔细回想由远及近一个个你喜欢过的男生，把他们的名字写下来，然后把他们的兴趣爱好写下来，玩个连连看的游戏，把他们的共同爱好圈出来，这就是你未来朋友圈要主攻的方向。

如果你没有喜欢过男人（这几乎不可能），或者你对男生的喜欢只停留在表面，对真实的他们并不太了解，那么你也可以从自身出发，拿出一张白纸，把自己的兴趣爱好简单地分成三类：

女人的兴趣；
男人的兴趣；
公共兴趣。

如果你的兴趣更多集中在"男人兴趣"和"公共兴趣"这两栏，说明你的女人味是不足的，很可能就是众人口中的"女汉子"，就要加强女性特质，让男人看到更多你的"女人味"。而如果你的兴趣爱好集中在"女人的兴趣"这一栏，说明你更关注自身，很有女性魅力，但在跟男性的相处中，可能更希望对方能懂你，发生矛盾时更希望对方来哄你。但是把精力更多投放在雄性竞争的男性，兢兢业业的理工男、技术男，他们通常是不懂"女人的兴趣"的，只有那些整天跟女人打交道、把精力花在女人身上的人，他们才"懂你"。但在他们当中，目的单纯的男生发现你不适合他，就不会再与你深入交往，剩下的就是那些目的不纯的男生，继续和你深入发展，获取了性价值之后再和你分手，你是毫无抵抗之力的。所以太专注于女性魅力的女生，至少要培养一个或几个"男人的兴趣"，比如汽车、足球等，更大范围地吸引男性的注意。

如果你的男神已经有特指，就是你朋友圈当中的某一个，那要怎样才能吸引对方？

我认识的一个女孩，她的男神是一个文艺青年，有一次他在朋友圈里足足码了一百多个字，畅谈对一部伊朗电影的观后感，还配了一张电影海报。这个女孩看到后，马上全网搜寻这部电影的一切信息，导演是谁，什么时候拍的，其他代表作，微博、知乎上的影评……然后一直在琢磨这几个问题：

喜欢这种电影的人是怎样的？

他为什么要分享这种小众的电影？

他希望得到什么样的共鸣？

设身处地地从他的角度出发，你就能够清楚地摸清楚他的心理以及特质。然后这个女孩在与男神的这条朋友圈间隔几个小时后，装作不经意地发出了一条朋友圈：很喜欢 ×× 导演的电影 ××（放的是同一个导演的另一部影片），看完陷入了深思，一度走不出来（补充几句豆瓣上精彩的影评）。现在喜欢这么小众的电影的人不多了吧？注意，一定要在后面加上一句问句，让男神看到后马上能接上话。果然，在她刚发完几分钟后，男神回了她的消息，对她说，没想到你也喜欢 ×× 的电影……两个人通过电影建立了联系。

其实通过这个女孩我们可以看到，对于已经明确的目标，我们能做的就是前期做好充足的功课，有目的地建立吸引。这其实也说明了，要对男神多做功课：他喜欢什么？讨厌什么？正因为什么而心烦？我能对他提供什么样的情绪价值？

很多时候想吸引一个人并没有多难，关键是你愿不愿意为爱用心。

很多女孩在经营朋友圈的时候也会有这样的疑惑，如果自己在朋友圈发的信息都是太高大上的，男神会不会担心配不上自己。我要提醒所有女孩子的是，在朋友圈发信息一定要注意平衡，高端的展示可以有，让人看到你的生活是有质量的，这能帮你筛选出一些真正的、认同你的优质男生。同时也要注意发一些亲民的、大众的展示，这会让人觉得你很接地气，不是永远端着，遥不可及。当你离人群太远的时候，你超出了一个男生的生活范围，在他目光无法企及的地方，他自然会主动过滤掉你。而如果你把"高大上"当成是普通生活之外的一点点缀，那么男生会觉得那是情调，而不是距离。另外，不要因为想让对方配得上你而降低自己，一个心存自卑不振作的男生不会因为你自贬身份而爱你、珍惜你，削足适履终非长久之计。最好的状态还是释放"可得性"，让他看到自己跟你虽然有距离，但你就在他的眼前，他只要努力一点就能追赶得上你。真正勇敢自信的男生，会自强不息以期与你比肩同行。

你的朋友圈爆 PU 了吗

自打微信盛行以来，朋友圈功能就深受宠爱。15 岁女孩在朋友圈疯狂地分享自己的 idol（偶像），抱怨着关于青春的烦恼；20 岁女孩在朋友圈 po（post 的减缩，上传的意思）照片、po 书摘影评、po 彩妆心得，或者转发着微博搞笑链接；30 岁女人在朋友圈分享着工作、家庭的琐事，转发着自己深有感触的链接；40 岁开始，朋友圈的照片少了链接，多了关于生活小妙招抑或是关于那些已经看透了的感情；到了 50 岁，朋友圈里也许是"深度好文""不转不是中国人"，又或许是"做女人不容易""看看有多少人愿意为我转发"……

但是，无论你的朋友圈组成是怎样的，这样的朋友圈爆款你一定见过：

"若你变了，我也就淡了"

"夫妻之间最忌讳的 6 件事，做多了，就散……"

"这种老婆太聪明啦！和老公吵架要这么做……"

"你不懂我，我不怪你"

"工资为什么一定要交给老婆，说得太对了"

"男人，请珍惜你身边爱生气的女人"

…………

悟性高的女孩一定知道我想说什么，那就是这样的朋友圈 PU 爆表啦！

通过观察我发现一个有趣的现象，30 岁之前的女孩很少转发类似上面的朋友圈。

年纪小的女孩关注点不会在这种情感链接上；处于择偶黄金期的女孩没多少心思关注这样的链接；但是随着年纪增长，已婚或者未婚的女孩开始感觉自己与这样的文章产生了强烈的共鸣，一定要分享到朋友圈帮助大家多了解自己一些。

其实，这个现象可以解释成这样一句话，即大多数情况下，女人的 PU 或多或少都会随着年龄的增长而增长。

像上述这样的爆款链接往往自卑又自负，将平时不方便直接发表在朋友圈的不满、抱怨汇总成一条链接，使得大家只需点击分享即可。

链接的内容往往是倾诉女人有多么不易、负心汉有多么不珍惜，甚至还有对老公满满的嫌弃……

那么，如此爆表的 PU 是如何造成的呢？

1. 朋友圈里潜移默化的影响

处于信息大爆炸中的我们，很容易被莫名的信息吸引，而情绪的传染力又毫不亚于病毒。

例如：在一个夜深人静的夜里，你独自一人窝在被子里，因为白天老板说了你一句而黯然神伤，这时，一条《女人的辛苦谁能懂？（转给他们男人看看）》或者《致自己，我哭了》"共振"出了你心里所有的委屈，于是你气宇轩昂地点击了"分享到我的朋友圈"。于是，就这样辐射了以你为中心的千千万万的伤感女人。

2. 不懂得适时排遣，沉溺负面情绪无法自拔

有的人总喜欢生闷气，跟老公吵完架宅在家里……跟同事闹完别扭宅在家里……被邻居家的狗吼到了宅在家里……这一类人不懂得运动减压，也不懂得找朋友倾诉排遣，只喜欢一个人闷着头刷手机。

于是每每这时，她们执笔写起了《该撕就撕，别委屈了自己》

或者《太在乎，就是失去的开始》……

3. 自己本身圣母癌晚期

"为了你我辛辛苦苦在家带孩子，你居然……""跟你结婚以来，为了这个家我连一件像样的衣服都没买过，你现在这样对得起我吗？""你真让我心寒……"

像这样的圣母癌晚期患者的朋友圈一定少不了这种《你不懂我，我不怪你》《只有做到这5条的男人，才是真的爱你》。这样的高PU重度患者一般都有与生俱来的圣母情怀，很难抢救成功，好在，她们面对生活总是越挫越勇，自愈能力超强，不救也罢，也罢。

4. 随着年龄增长，MV下降，总是闪烁衰老的信号

高MV是女人最难保持的状态，没有之一。高MV对高PU有着很好的抑制作用，我们常说高MV自带低PU，就是如果一个人MV高，她会毫不在意对方的言辞，不管对方是无心刺痛你还是故意激怒你，你都完全get（得到，抓紧）不到怒点，更不会因为无关的言辞玻璃心，也不会主动曲解别人的话导致自己受到一万点伤害。这种高MV完全将自己与多余的愤怒分隔开来，是对女人最好的保护。所以经常有人强调说，女人不管年龄多大，不管结婚与否、生没生孩子，都不能放弃对自己的要求，不能放任自己成为黄脸婆，就是因为你的MV低了，你的衰老就已经开始了，而这种衰老常常不只容颜，还有心理。

如何远离渣男，
抓住适合自己的真爱

　　我有一个朋友，每次听孙燕姿的《遇见》，当歌词唱到"我遇见谁会有怎样的对白，我等的人他在多远的未来"的时候都两眼泛红，激动万分，不停地问我说，茫茫人海，我的真爱到底在哪里。单身女孩常如此问。茫茫人海，很多女孩都在寻寻觅觅，守候爱的号码牌，但真爱难寻，途中还难免会踩坑。如何避开渣男，找到自己的真爱，这是一个很大的难题。

　　电影《春娇与志明》里有这样一句话："一辈子那么长，谁没爱上过几个人渣！"女孩 A，遇到的男人光靠一张嘴就能为你创造整个世界，先把好话说尽，再把坏事做尽。当你满心欢喜地开始跟他一起计划你们的未来，他却早已抽身不见了。女孩 B 遇，到的男人总是以独立自由的名义想方设法让你达到他的要求，但其实就是对你不负责任。他强调说，你要照顾他的感受，不要太黏人，懂得自己照顾自己，让你觉得，他没有义务接送你、买东西哄你，在你想见他的时候他也不需要立刻出现。如果你做不到给他自由，他就会说你不体贴，跟你在一起很累。可是当你身心俱疲、尽力变成跟他要求一样的女生时，却在偶然间发现，他其实同时跟几个女生保持着如跟你一般的关系……在不同的女孩子心目中，渣男的定义是不同的，对方要么是三心二意，要么是套路太深。明明是他先撩的你，可是到头来放不下的却是女孩自己。

前几天就有一个女孩，跟我说她和男朋友认识三个星期，都是大三学生。女孩 MV 一般，低 PU，软妹子一枚，没太大个性。几天前跟男生见面，女孩把第一次给了他。后来这男生对女孩的态度就变了，把他们恩爱的合照全删了，备注也从老婆改成了女孩的名字，他还问女孩如果他们分开的话能不能不跟他的朋友说。女孩特别痛苦，很害怕遇到的人是渣男，很后悔，一直在问我怎么办。

我觉得现在女人普遍存在一个误区，就是害怕遇到渣男，有些女生因为害怕对方是渣男，甚至不敢谈恋爱，只要接触到男生，就会心里提防，想对方是不是有问题。女孩有自我保护意识是难能可贵的，但是现实中渣男也未必会那么多。关于渣男这个问题，应该从两方面考虑：1. 打个比方，遇到渣男的概率就像走在街上遇到小偷，哪那么巧就让你碰上？ 2. 小偷偷东西都是偷完就跑的，渣男也是一样。如果很多小偷只盯着你一个人偷，你觉得问题在谁呢？

所以女孩如果经常遇到渣男，就应该学会从自己的身上找原因。第一，和男生认识很短的时间，一定不要发生关系。不管你是愿意还是不愿意，如果你跟对方过早发生了性关系，就等于失掉了主动权。你在试图用你最宝贵的东西去换取珍惜，但这个一开始是换不到的，所以很多女生都觉得自己被对方占了便宜，遇上了渣男。但实际是 MV 太低、PU 太高，导致在感情关系中主控权较低的情况下得到由不得你控制的后果。所以建议这样的女生多提升一下自己，降 PU、升 MV，同时也要注意不要太快跟男生发生性关系，让他觉得太容易得手。第二，要学会辨识男人与你相处是真心还是在玩弄。一般渣男泡女孩子无非也就那么几招：

正常男生追女孩子的流程是：看上这个女生，想办法找到联系方式，找到共同话题，接近——相处，参与她的日常生活，有感情久了才开始商量是否可以走进婚姻。而渣男的流程是，非特定喜欢某一个女孩——经常混迹于妹子比较多的场所，比如酒吧、歌厅等，锁定心思单纯没反抗能力的女孩子，或者对自己略有好感能陪伴自己的女生，展现自己的优势，并且跟女生相处时一定是忽冷忽热，让女生自己上钩，引诱女生自己开口要求在一起或结婚。但是即便是女生先开口，对方也未必会答应跟你在一起，而是先吊着你。但同时你又发现，对方特别了解你的心思，很会迎合你的需要。所以很多女生会产生一种错觉，就是他很懂我，但其实是因为对方玩弄的女生太多了，他很清楚女生的心理，知道女生要什么，也知道自己应该给什么最容易引女生上钩。

一般来说，这样的男生通常都会有这些表现：

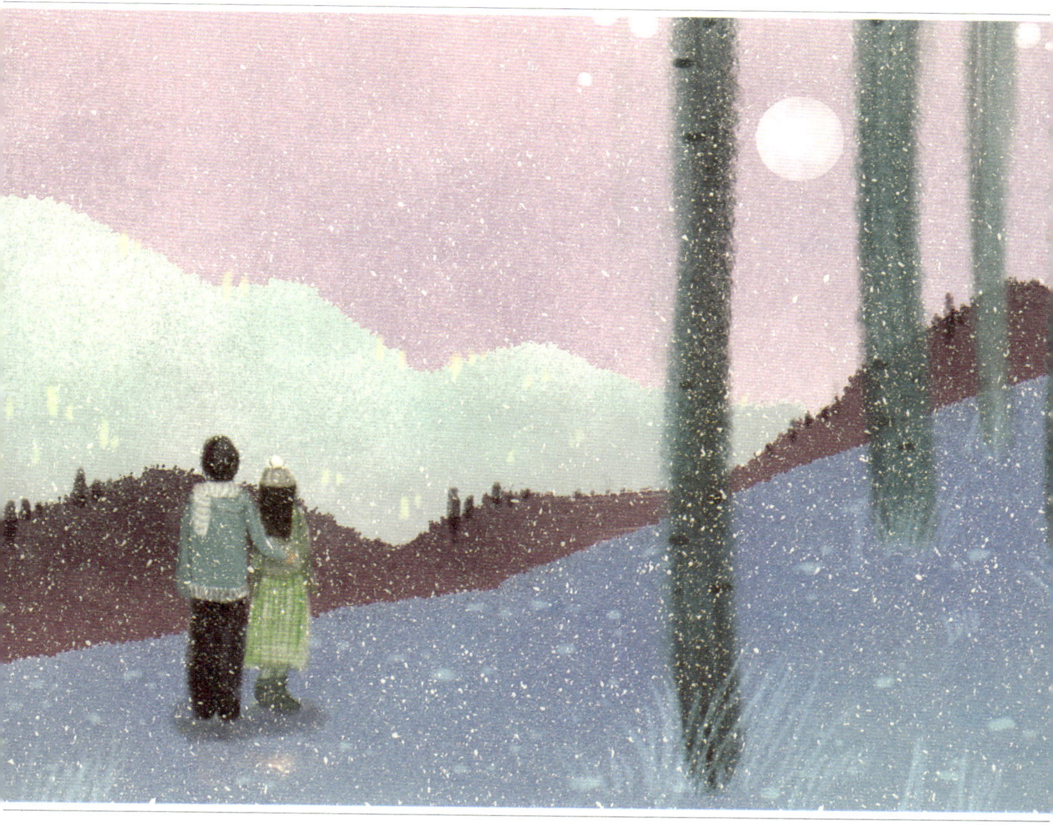

1. 甜言蜜语

他们一般都很会花言巧语、打情骂俏，很会安抚女生。有些男人靠的不是高、富、帅，而是幽默的口才，恰到好处的情绪价值，你生气的时候他能"雅痞"地逗你一笑，你怀疑他劈腿的时候他也能想办法消除你的怀疑，让你不要想太多。

2. 适当示弱

以退为进，让你感觉很被他需要。渣男总是利用女性天生的母性关怀，让你在乎他，照顾他，在你面前表现得很需要你很在乎你。通常来讲，男人遇到难事或者有比较弱的情况很难向别人开口，而如果一个男人总在你面前装忧郁表现柔弱，十有八九是另有所图。

3. 总是特别忙，行踪飘忽不定

无论是经常加班，还是总表现得上进爱学习，他不在你身边的时间总是特别多，但其实你也弄不清楚他到底是在加班学习，还是在跟其他人约会。其实再忙的男人如果在乎你也会想办法多陪陪你，如果他总是以各种理由和借口表现得自己很上进，在你需要的时候总不在身边，除非他是非常典型的工作狂或者正在准备晋级考试，不然他多数时间都是在骗你。

那么知道了如何避开渣男，女生要怎样才能知道对方是不是适合自己的人呢？有一个最简单的方法，就是假设你了解并接受婚后他出轨的概率是50%，试想一下，如果婚后他出轨了，你会伤心还是会愤怒？如果你觉得伤心，那么说明你把他当成情人，那就可以嫁；如果你愤怒，那么你只是把对方当成一个结婚对象，为你后续生活提供保障的供养者，那就不能嫁。那么什么是所谓的情人和供养者？

情人（lover）主要提供给女人的是情绪价值和繁衍价值（优秀基因），就是我们所说的the one（真命天子）、soulmate（灵魂伴侣）、真爱、浪子，就是那些能给女人一见钟情、相见恨晚、心动不已、无法自拔等感觉的男人。

供养者（provider）主要提供给女人的是物质资源和养育价值，提供各种庇护、帮助和支持，俗称"提款机"、备胎、千斤顶、接盘侠、观音兵、被发卡的"好人"，等等。其实，女人口中常说的"爱我的人"和"我爱的人"，对应的就是"供养者"和"情人"。

中国古代文献"唐代四大类书"之一的《艺文类聚》中，就曾描写过"东食西宿"的故事。书中原文：

齐人有女，二人求之。东家子丑而富，西家子好而贫。父母疑不能决，问其女，定所欲适，难指斥言者，偏袒，令我知之。女便两袒。怪问其故。云："欲东家食西家宿。"

翻译：齐国有户人家有一个女儿，有两家人来求婚。东家男子长得丑但家境富，西家男子容貌美但家里穷。父母犹豫不决，就问他们的女儿，要她自己决定嫁哪家。他们告诉女儿："你如果难以启齿就不用明说，只要将对应东、西家的胳膊袒露出来，让我们知道你的意思就行。"父母说完，女儿就袒露出了两只胳膊。父母很奇怪地问她原因。女儿说："我想在东家吃饭，在西家睡觉。"

其实，文中所说的"东家子"指的就是供养者，而"西家子"指的就是情人。分辨出你当他是情人还是把他当供养者，是女性择偶的一种聪明法则。

男人如果没钱女人还愿意对他死心塌地，就是情人；男人付出很多女人才愿意嫁他的话，这个男人就是供养者。

女人在供养者模式和情人模式下的表现和态度是完全不同的。

供养者模式下，你总觉得他哪儿做错了；

情人模式下，你总担心自己哪儿做错了。

供养者模式下，你认为自己是世界上最幸福的女人，因为对方肯定不会背叛你；

情人模式下，你经常担心对方会喜欢别人。

供养者模式下，他跟你分手，你会愤怒："你怎么可以背叛我？"

情人模式下，他跟你分手，你会觉得伤心，甚至是释然："他终于走了，再也不用担心他会离开。"

在供养者模式下，女人强势霸道、嫌弃挑剔、随心所欲，予取予求、对他招之即来挥之即去，不断考验他，随时可能离开他；

而在情人模式下，女人温柔可爱、小鸟依人、体贴谦虚、善解人意，对他百依百顺、无欲无求，被他呼来唤去却还无怨无悔，总是害怕会失去他。

概括来讲：供养者模式下，你的 PU 会很高；情人模式下，你的 PU 会很低。

男人感觉到自己被视为供养者时，就多半会出轨（50% 出轨的男人中供养者占大多数）；感觉到自己被视为男神／情人时，出轨的可能性就低。

打比方：公司雇用同一名员工，是待遇低时（供养者）他容易跳槽、赚外快，还是待遇高时（情人）更容易？——待遇低时（供养者）这名员工会更不稳定。所以女人选择供养者，他婚后容易不安分，婚姻危机也会随之加大，女人要承受的也就更多了。

有句话说，和你结婚的不一定就是真爱，但是真爱一定是彼此适合的。在择偶道路上，一定要慧眼识男，既要远离渣男，也要牢牢抓住适合自己的真爱。

女人最好只进入
自己有主控权的关系

在面对伴侣和恋情的选择时，女人最好只进入自己有主控权的关系。

"有主控权"的意思就是：在这段感情关系中女人可以把控关系的走向。换句通俗易懂的话就是：他爱你比你爱他多那么一点。

别小看这么"一点"，只有当你拥有主控权的时候，男人才会愿意按照你的时间表来行事；当你们的意愿不一致时，他才会尊重你，乐于为你而改变；当你提出要求时，他才会尽全力地实现和满足；他乐意见你的父母、积极地想和你进入婚姻。

而很多女人在情感关系中会走入两个误区：一是容易陷入一开始就没有主控权的关系；二是轻易丧失关系中的主控权地位。

一开始陷入没有主控权的关系是什么样的情形呢？

小惠的"艳遇"就很典型：她是一个刚大学毕业的文员，一次在公司 party 上认识了老板的企业家朋友，当晚聚会结束男方送她回家的时候，在车上强吻了她。留下了名片说："你随时可以打电话给我。"

在这段关系里面，小惠是完全没有主控权的，因为男方没有积极地想跟小惠在一起的意愿，只是开放式地不拒绝和固守原地，等待小惠自己主动送上门来。

那么在恋情中丧失主控权的情形通常是什么样的呢？

佳明和叶子是一对年轻情侣，佳明天天打电话嘘寒问暖，但在发生亲密关系前，他提出不避孕。叶子担心地说："这样可能会怀孕的。"佳明却说："不会的，天下哪有这么巧的事。"最后叶子坚持不同意，佳明一气之下竟抛下叶子，一个人打车回家了。后面的两天里，佳明破天荒地没有联系叶子，叶子心里开始惴惴不安，心想：是不是我做错了什么？最后，叶子耐不住性子，反过来主动打电话向佳明示好。至此，佳明知道叶子不能失去自己，叶子从此丧失了在这段感情中的主控权。

以上两个例子可见，在爱情战场上，没有主控权的情感陷阱无处不在，而两性关系中的主控权又是如此难以维持，那么女人应该如何在这场没有硝烟的主控权战争中为自己扳回一城呢？

还是以上面两事为例。

小惠最应该做的就是：不要再联系男方，把这件事当作从未发生过。如果那位企业家再来联系小惠，问她为什么没有主动联系，她应该这样说："我想你那天可能是喝醉了，所以才会有这样的行为，如果把我换作其他的女孩子在你身边，你也许还是会这么做的。你的行为并不意味着对我有好感，我很清楚我们不匹配。所以哪怕我对你有好感也不会主动打电话给你。"

这段话表明：我不会主动联系男人，我很有自控力。在小惠的这种表态下，如果这位企业家只是抱着等待猎物上门的短择心态，那么他就会直接撤退；另一种比较小的可能性，是他转变成追求者心态。在后一种情况中，男方会开始主动靠近和追求女方，而且一定会比之前表现得更有诚意。

　　也许有女孩会问："如果他始终没有联系我呢？"或者"如果我这样说了之后，他就再也不联系我了呢？"

　　那就说明他从头到尾就只打算短择你，并没有打算对你认真。你应该庆幸自己没有联系他，才能得以避免陷入失控的短择关系中。即使他得到了一些什么，他早晚也还是会走的。

　　在第二个故事里，叶子应该怎样做呢？

　　首先，临场谈判时，叶子要做到后撤和示弱，可以说："你这样我心里好害怕好没有着落。""我还是喜欢平时的你，现在的你像变了一个人一样。""你不是说要一直保护我让我不受任何伤害吗？"

　　要注意的是，此时虽然底线坚定，但是态度一定不能强势，不要用"你如果这样做就说明你不爱我"这样的话来指责对方，要以柔克刚。

　　其次，叶子平时就应该多给佳明打预防针，比如："我一个姐妹意外怀孕了，实在太可怕了，她男友太不负责任了。"同时平时要对佳明加强正面的引导和暗示，夸奖他说："我就欣赏你这样有责任心的男人。"

　　如果在这样的前期铺垫和临场表现下，佳明还是甩脸转身离开，那就说明佳明对叶子采取的不是长期择偶的态度。

　　为什么这样说呢？因为当女方表现出矜持、柔弱、后撤的态度和特质时，如果男方没有流露出保护欲，相反还一直保持进攻性和征服欲，那就说明他把女方当成了名副其实的"对手"。而只有在短择的关系中，男女双方的利益冲突才会如此明显，他才会一心只想征服甚至不惜损害你来展示他的控制地位和强大力量，全然不顾你的意愿和感受。而如果他对你采取的是细水长流，有着想要过一辈子的想法，则他会自责，并且愿意按照你的感受来调整自己。

换句话说，只想做成一锤子买卖的人，会想捞一把就走；但如果想要长期合作，则他不会让你冒风险，因为这个风险也是他的，他会考虑如何使双赢模式最大化。

想要得到一段良好的关系，你需要掌握主控权。而想要掌握主控权，你得学会后撤和示弱。后撤和示弱不但可以帮助你留住真正打算对你长择的男人，并且帮助你保留住在这段感情中的主控权，还可以帮助你淘汰掉一部分伪装成长择面目的花花公子。

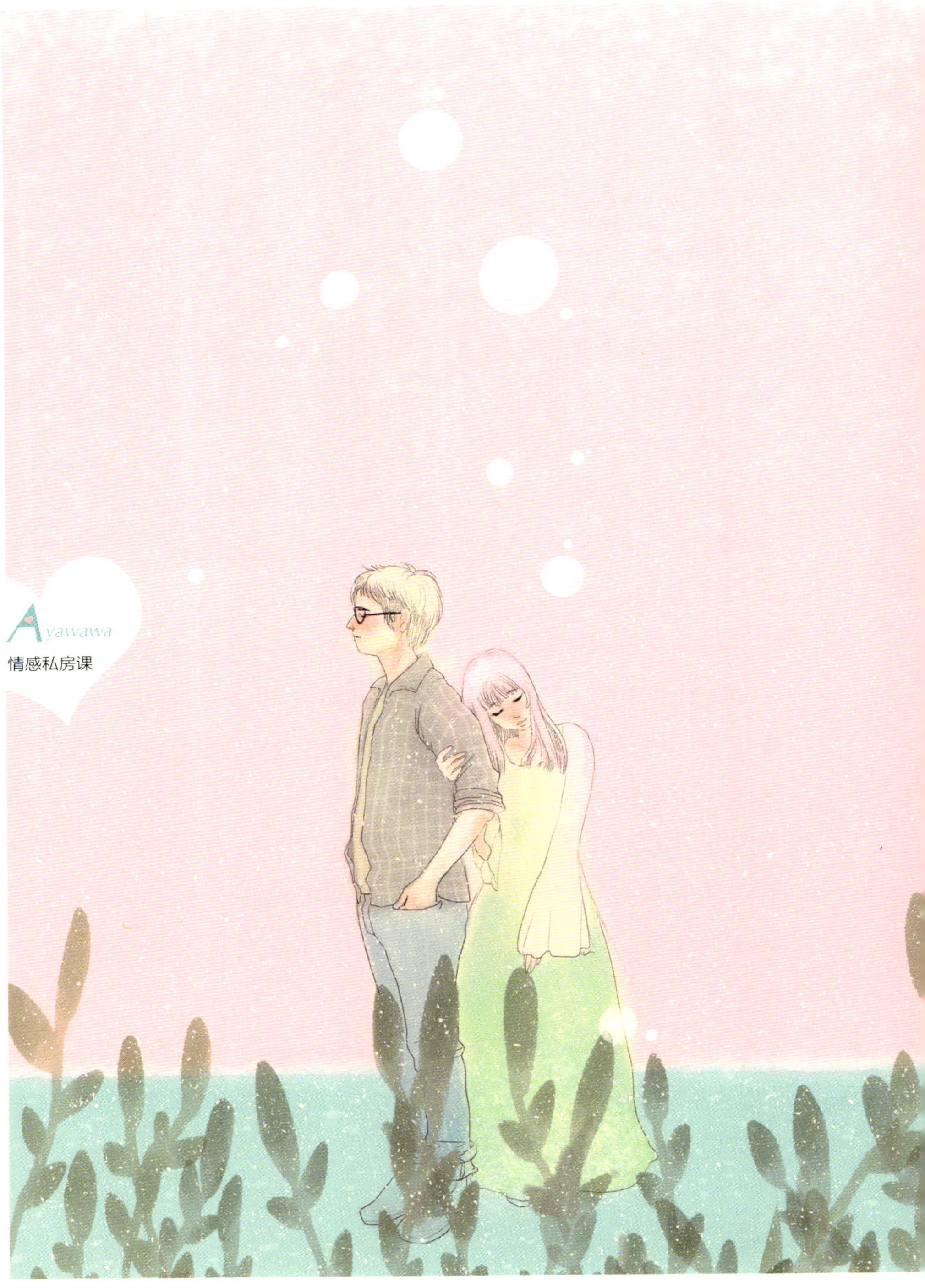
Ayawawa
情感私房课

第一次相亲
穿什么说什么才能搞定男神

有一个女生，27岁，一直都没有男朋友，家里人和她都非常着急，就给她安排了一场相亲，她看男生照片一般、条件一般，就蓬头垢面地去见了，结果一个男神端坐在那里，正好是她喜欢的类型……

相亲中有很多这样的悲剧，所以女孩子一定要坚持这样的原则：一定要让对方看上你，哪怕你看不上他。要把每一次相亲都当成高考一样重视，因为模拟考如果不肯好好考，等到真正高考的时候一定也考不好。很多女孩子也许会说，我也很重视啊，但不知道应该怎样准备和表现，见面之前不知道穿什么，见面之后不知道聊什么，两个人坐在那里，气氛总是很尴尬，结束后不是他看不上我，就是我看不上他，很难同时看对眼。

我知道大多数女孩子在开始相亲的时候都是会先看到对方照片的，即使没见过对方的照片，也听介绍人大概介绍过对方的条件。女孩子会根据这个条件，对对方先有一个心理预期，而这个心理预期往往会决定女孩对相亲对象前期投入的多少。如果感觉对方离自己心理预期不远，就会精心准备，化化妆，选一套漂亮的衣服，行为举止都散发女性的魅力；但如果对方离自己心理预期较远，又碍于介绍人的情面不能拒绝，女孩子往往就会降低对自身条件的标准，不注意穿着打扮，不注意自己的形象。但是为了避免见第一面就被归入短择区难以扳回，一定要合理管控自己的心理预期，也就是不管对方是什么样的人，你觉得他是不是适合你的人，都要在心理上首先设定他是个男神，穿着打扮大方正式。因为这样做一方面是对对方的尊重，另一方面也表现了你的涵养。

在穿着方面，要学会利用红色元素，通过展示易得性，提高吸引力和桃花度。

因为红色可以直接作用于男生的潜意识层面，让你看起来更性感、更有魅力、更能吸引人的关注，让男生对你更有好感、更有热情。这个可以参考人类的"祖先"，公猿猴就是利用红色的屁股来判断母猿猴发情期，虽然经历了几百万年的进化，但是人类在择偶时仍然延续了进化心理的本能。可能女孩会说，我的肤色跟红色衣服很难搭配，那怎么办？可以选择中和，比如红色搭配白色，热情又不失纯洁；红色搭配黑色，性感又不失有气质。

另外，女孩子在相亲的时候一定要化妆。不要化那种大浓妆，因为大浓妆很容易让对方心生警觉，觉得你妆前妆后可能会差别很大；而且还会让男生觉得你用力过猛，如果你在想努力表现到极致的情况下都没有表现得很好，其实会拉低你在男生心中的分数。一般来说，男生都喜欢白皙干净、自然动人的女生，所以你可以选择看不出化了妆却美得不行的心机裸妆。一定不要衣服露乳沟，大衣穿皮草，浑身戴首饰，拎着名牌包，表现得过于浮夸。

相亲中的聊天，要坚持六个要点：不八卦、不强势、不傲娇、少说话、多微笑、表现温柔。如果想吸引对方，在见面之前就要做好功课，比如多看对方的朋友圈或者微博，掌握对方的兴趣爱好。在聊天中，不要过多地主动提起话题，最多两次就够了，尽量把挑起话题的机会留给对方。接话中要坚守四个关键词，也就是我常说的十字要诀：幽默、第一次、特别、有能力。

第一次：其实这是我第一次相亲，所以还有点小紧张呢；

聊工作：感觉你的工作能力很强；

聊印象：我觉得你很特别（如果他问为什么，你可以笑着说："以后告诉你。"）；

讲笑话：你好幽默。

这里要提醒你的是，对方讲的笑话不一定好笑，如果他讲了一个特别冷的笑话，你笑不出来怎么办？这时候你的脑袋里一定要预存一两个属于你自己的、百试百灵的笑点，当对方讲到不好笑的事时，你就要调取出来，然后开心地自娱自乐就好，对方还会觉得很受用。

吃完饭后结账，很多女生会觉得不想占对方便宜，抢着埋单或者想跟对方AA。我有个粉丝，曾经很困惑地问我，为什么每次相亲之后对方都不再联系她。我问了所有的细节，都没什么问题，只有一点，就是她每次跟对方一起吃完饭后都抢着埋单，或者主动提出AA，对方就会觉得，你是没看上他。所以如果男生主动去埋单，就让他结；如果对方主动提出要 AA，那么你就知道了，单从第一印象来说，他是没看上你的。这时候你要非常礼貌地回应：谢谢你的款待，今天非常开心。

如果男生提出要送你，不要拒绝，好的习惯要从头养成。但是因为初次见面，最多送到临近小区门口；离家在外工作的女孩最好说跟女同事合租同住。告别的时候也要记得跟对方说："谢谢你这么绅士，跟我认识的其他男生都不一样。"

第一次见面，是亮相的过程，也是展示吸引力的过程，对很多技巧举一反三，相信聪明的你，一定能给男神留下一个非常好的印象。

私
房
课

相亲对象
拒绝你的真实原因

Q 问：

我最近和嫂子介绍的对象约过一次会，看电影吃消夜，我和他见面并没有很尴尬，但是我们的共同话题很少。我嫂子说他是一个不会聊天的人，而我情商也很低，也不知道怎么找话题，所以我们看完电影之后，吃消夜的时候没怎么讲话，吃东西更是没话题讲，最后就回家了。我对他印象蛮好的，觉得还不错。但是我觉得他对我并没有什么感觉，回去后微信上他也没有和我说什么，就说了句早点休息。然后就没有找我了。他 27，我 22，我还在读大学，他已经工作了。我不知道应不应该问他为什么不喜欢我，我猜想的是没什么话题聊，而且我们身高差太多了，他应该有 184 厘米，我才 155 厘米。我希望你能给我点建议，我要不要问他为什么不喜欢我。

A 答：

朱茵、蔡依林、徐若瑄、宋慧乔等女明星都是小个子的女生，但是这并没有影响她们在竞争激烈的演艺圈拥有很高的人气。如果觉得明星的例子太过遥远，那么相信你日常生活中也碰到过很多个子小小的女孩子和 180 厘米以上的男生交往、结婚。这说明什么？说明虽然大家都认可男孩身高 180 厘米以上是好事，女孩身高 155 厘米是短板，但这个短板对女生择偶并不会产生决定性的影响。

"身高"属于雄性竞争，所以身高对男生而言很重要，对女生而言重要性就没那么明显。170 厘米多的女生可能不会考虑比她矮的 160 厘米多的男生；但是男生并不会因为自己个子高就不喜欢个子矮的女生。如果男生具有身高上的优势，只要女生拥有其他的雌性竞争优势来填补（比如颜值高），就很容易得到高个子男生的青睐。

相亲不成功，不要去问对方不喜欢你的原因，因为他很可能不会和你讲实话。难道他会很直接地告诉你他是因为嫌你丑、嫌你矮不喜欢你吗？不会吧。

所以即使你去问，他也只会说是两个人性格不合适、不来电。而你听到这个理由之后可能会进一步地麻痹自己，认为"原来真的是因为性格不合适，可能两个人的缘分还没到，那我就继续等待那个与我性格合适的人吧"，从而耽误了你的自我反省和提升。

如果你坚持想知道真相，那么下面这个判断方法可以供你参考：

两个人相处了两三个月，相亲对象提出不再继续，可能真的是因为性格问题。

但是只见一面就见光死，之后不再继续联系，要么是外表问题，要么是女孩的情商真的低到无极限，让人没法和她好好相处。

建议你结合自身情况来判断一下自己属于哪一种情况，然后积极地提升自己，如此才会在下一次遇到有好感的人时，能牢牢地把握住他。

上一节我们讲到了如何在相亲中建立前期吸引，让男神对你有一个好印象，这一节我会详细讲解相亲后如何建立持续吸引，让对方爱你更多。这里面有一个秘诀是，相亲当天，如果你们见面的过程还算愉快，但是男生可能也没有特别热情，两个人交换了联系方式，如果晚上男生主动联系了你，那证明你们已经有了一个好的开始，而如果对方没有主动联系你，这种情况下女生应该怎么做呢？

1.大多数女生会什么也不发，静观其变，对吧？

2.有些女生会发：很高兴认识你，今天很开心，谢谢你。

3.还有些女生会发：我到家了。

以上这些通通可以归结为"没有下文的相亲词汇"。

应该说这一句：今天认识你很意外。人的求知欲和好奇心是一种本能，他一定会追问回来：为什么？这个时候你就可以洗洗睡了，不要再回了。第二天早晨，你睡醒之后要继续昨天没有进行完的聊天，给他回一条消息说（用语音，别用文字）：

昨天不好意思，因为我晚上没有看手机微信的习惯——意思是：我目前没有私密联系的暧昧的男性对象；后来手机没电了也没发现，早早地就睡着了——意思是：我是一个生活很健康很有节律的人；我昨天想表达的意思是，我一直以为相亲是一件很老套的事，从来没有想过在相亲的时候也能认识很不错的男孩子。

经过前期的好奇心铺垫和男生一晚上胡思乱想的发酵，这时听见你的这番话，男生肯定高兴坏了。

这时有人可能会问：如果这个男生根本不好奇，也不问你也不理你怎么办呢？原因可能有几个：

他手机可能丢了；

他八成见一面就对你判了死刑；

他相亲心不诚，可能是被迫相亲的。

但凡你有50%的存活率，这招都足以帮你起死回生，起码让你们保持一小段时间的沟通联系。

再说回来——

听见你不经意间夸他优秀，一般情况下男生都会变得很兴奋，会趁热打铁地跟你多聊上几句。

他可能会礼尚往来地跟你客套客套说：哪里哪里，你也挺不错的——只要他说出这句话，他的大脑就会受到暗示、自我催眠，对你的好感度就会增加。

在这次聊天过程中也会很容易促成第二次约会。

1. 可能有的男生会对你说：那周末再一起出来吃饭 / 看电影？——这种男生就是对你很有意思的，想顺杆而上抓住机会约你，像这种会使用具体的时间点和活动内容的，属有诚意的邀约，你就可以顺势答应下来。

但是要注意活动内容，不要看电影！电影是绝对不能去看的！

电影是确定男女关系之后才能一起进行的私密活动，如果刚认识就一起去看电影，他会觉得你是那种跟任何男人约会一次就可以被带去看电影的女生。

2. 还有的男生可能会说：有机会 / 有空再一起出来吃饭啊——这种就是对你兴趣不太大的，此时你就可以说：好啊，多个朋友挺好的。我一般周末会自己去看画展或者去流浪动物收容中心做义工，不过我觉得你们男孩子会不会觉得我这种兴趣爱好太小女人了呀？你们男生对这个可能会不太感兴趣吧？（用语音，别用文字。）

这里的信息点是：

第一，你表达了自己具体的兴趣爱好，就是给他一个明确的信息点，方便他跟你来建立连接——他就可以说：我也喜欢看画展啊，我也喜欢小动物。

第二，你把他抽象的邀约时间具体化了，从"有空"具体到了"周末"，这是一种暗示，在保留男生主控权和主动地位的基础上，这就等于帮他向前迈出了一大步，你已经抛出了橄榄枝，就看这个男生接不接了。

这个时候女生不能犯的语言禁忌是什么呢？就是不能说"好啊"。

如果他说："有空一起出来吃饭啊。"你说："好啊。"这次对话就走进死胡同了，你要学会处处给男生留生机、留活口，给他铺好各种通路，只等他走向你。

"好啊"这种高冷的词，至少要 6 分以上妹子才能用，等到你 7 分以上就可以说"呵呵"和"哦"了。普通女生在这个阶段要表现得平易亲切好相处。

招数放到这里，最好的效果就是已经达成第二次邀约。没有也没关系，你可以把这段交流先存起来，后面还会用得上。

有了前面的铺垫，即使没有立刻展开下一次约会也不要着急。

相信你们一定会互加微信、微博互关的吧？这就是日后你最重要的舞台。

社交私聊：

比如他周末无意中问你一句：你在干吗呢？

有的女生就会特别实在地回：我在家睡觉啊，我看韩剧呢，我看小说／漫画呢，没干啥啊发呆……

你应该意识到：

1. 这是一个你自我展示的机会；

2. 这是一个你跟他重新建立连接的机会。

你应该回他说：还记得我上次跟你说过的画展／在流浪动物收容中心做义工的事吗？——你要让他知道你是一个言而有信的人，说过的事情都会实践。

　　我现在就在这里呢，我本来还想着给你发个消息呢，但是又担心自己会不会太冒失了，怕会打扰到你。——你要表现出小心翼翼、不敢惊动他的那种惶恐的态度。

　　正常男人一听你这种态度的话，就会像被戳中软肋一样，但凡对你有一点点兴趣的，他就会说：哪里啊，我很欢迎美女打扰啊。

　　你就回说：真的吗？谢谢你赐予我的小小专属特权哦，不过呢，我是很懂事的，不会没事打扰你的。

　　听完这些话，男生应该会感觉自己瞬间被附加上男神光环了吧？是不是会有种飘飘然的感觉呢？

　　如果说你们的分数相差不超过两分，到这里这些话术就足以让这个男生对你好感大增，会继续约你了。

第二次约会的时候，女生要尽力表现活力。

服装妆容：第一次约会要正式得体，走大家闺秀淑女风；第二次约会要有青春活力，穿休闲、运动或者活泼款的衣服，妆容也要相应简单一些。

活动内容：建议去打网球或者乒乓球，或者挑选一种你比较擅长和喜欢的运动。

为什么要选运动呢？

1. 这种健康的约会方式，能够帮助你印证前面在朋友圈或是微博里塑造的积极、阳光、有活力的正面形象；

2. 运动的本质是一种竞技、是一种雄性竞争（100 多年前奥运会才允许女性参加），你在与相亲男生竞技的过程中，也可以深入地了解他的品性，窥测出他对你有没有保护欲。

比如之前我会打羽毛球，和认识的两个朋友都切磋过球技，他们本身都打得很厉害，可是跟我打的时候表现得却很不一样。

A 男善用巧劲，各种判断局势、各种狂飙球技、各种让我捡球；

B 男球技也一样好，但是在跟我打球的时候，却非常贴心地把每一个球都送到我面前，让我接。

从竞技过程中你能发现两种男人是完全不同的：A 男想的是"我要赢"，B 男想的是"让你高兴"。

现在我认识这两个男生已经将近十年了，B 男已经结婚很久了，日子过得很美满，A 男仍旧是单身。

除了看男生的表现，你也要注意自己的表现哦。如果你真的很擅长，也不用全部表现出来，点到即止就可以啦，因为毕竟是雄性竞争，你发挥得太厉害就起反作用了。

你可能会问：我要是运动白痴怎么办啊？

没事，这时你就可以挑一个他擅长和喜欢的运动，认真地向他请教学习，让他的成就感和满足感爆棚，而你只需要打扮得美美的，笑容甜甜地不停地称赞他就可以了。

永远不要低估崇拜、赞扬和夸奖对于一个男人的魔力。

男人需要崇拜和夸奖，就像女人需要新衣服一样。

经过前面的两次约会，再加上平时的一些聊天，你们的关系应该比较熟悉了，这个时候就可以开始跟他进行一些深入交流了。

不要听我一说"深入交流"你就开始还原本色畅所欲言哦，就开始说这个明星整容那个明星家暴，就开始抱怨哎呀最近好烦不想上班……如果是这样的话，你就可能前功尽弃了。要选择尽量爆别人 PU 而衬托和展示自己低 PU 的话题，比如身边的女同事怎样，可以给她扣上的罪名一定是劈腿、水性杨花、朝三暮四，所以你特别不喜欢她，然后你还可以讲一讲她怎么欺负你的故事。

分享这个八卦的好处就是：

1. 一切表述都表明你是一个洁身自好的好女孩，对于这种事情是极度不能理解也不接受的，很鄙视这种行为；

2. 这个坏女人欺负你，还会激发起男生对你的同情怜悯和保护欲。

这是至少在两次约会之后才能够说的内容，这个时候你才能说到负面信息，而且要用一种信任、倾诉和求助的方式来表达。

听完你说的这些委屈难过，男生肯定会开导你，开导你就安安静静地听着，做出很受用很感动的样子，也可以深入聊一些比较有内容的话题，比较容易产生情感共鸣，让他逐渐对你产生依赖和信任感。

关于致谢。

等到第二天晚些时候或者第三天，你可以给他发一条信息说——谢谢你那天对我的开导，这几天我都在反复地想你说过的话，慢慢地消化，感觉自己真的学到了很多东西，要是没有你的话，我都不知道怎么才能解开自己这个小小心结。谢谢你的耐心开导，教会了我这么多，真的觉得能够认识你好幸运（用语音，别用文字）。

第三次约会，尽显女人魅力优雅。

服装妆容：这一次造型路线是充满女人味，你要穿高跟鞋，最好喷点香水，服装要选能够凸显女性优雅气质和韵味的。

不知道大家有没有发现，每一次正式的见面约会，我们的造型风格都不一样？

第一次是正式大方，第二次是清新活力，第三次是韵味优雅。

都说百变的女人最迷人，这在心理上其实是一种"模拟多偶"的策略，通过这种方式，增加你对男生的吸引力，因为你的多面性意味着你有多重价值，这会大大提升男生对你价值的判定。虽然男人自己可能说不出这其中的奥妙，但是他的潜意识会接收到这份讯息。

活动内容：建议去一些安静、有情调的场合，尽量不需要活动走动的（因为你穿着高跟鞋），西餐厅是个不错的选择，高档的咖啡馆也可以，或者画展、音乐会、歌剧会……

经过了前几次的约会和这么长时间的铺垫，这次约会你们可以安安静静地享受一下浪漫、有情调又比较易于拉近距离的氛围了，你们可以交交心，更深入地聊一聊。

备选话题——

你怎么看待你跟母亲的关系？

——看他对母亲的评价，了解长辈是否好相处。

如果你一年内将过世，你会调整生活现状吗？

——看他对现在的生活是否满意。

你有曾经最后悔没有对别人说过的一句话吗？

等等。

教大家一个沟通的大原则——

当我说："我们要杀死400万敌军和门口那个修自行车的。"

你肯定马上就会问："为什么要杀那个修自行车的？"

你的注意力就会被"修自行车的"这个具体的信息点吸引，然后把400万敌军被杀的事情完全丢在了脑后。

所以当你在和男生交流的时候，也要提供一些细化的、让他能够集中注意力的信息点出来。

1. 你不能说我喜欢运动，这个范围大到让人没法接；你要说我特别喜欢游泳，尤其是在海边，因为面对大海的时候会让我感到很安宁——男生听完就可以接：我也喜欢大海啊，我也会游泳啊。

2. 你不能说我喜欢看书，你要说我喜欢看一些轻松有趣的读物，比如 ×× 写的 ××，看完之后觉得好开心，让自己心情不好的事情就全忘记了——男生听完就可以接：我喜欢看的是 ×××，我心情不好的时候喜欢 ×××。

如果用这样的方式，你说的每一句话、提供的每一个信息都会成为后面沟通的源泉，你和他的对话交流就能够源源不断地继续下去。

但是如果你说话的方式是：我喜欢运动、喜欢读书、喜欢旅游还喜欢小动物，那么在他眼里，你就成了那被杀的 400 万敌军，成了没印象的大背景，你最后可能难以给他留下深刻完整的印象。

以上大招连环放，但凡是跟你差距两分以内的、对你不是太不满意的男生，应该早就已经沦陷了。亲爱的女孩，你就坐收幸福吧。

Ayawawa

情感私房课

如何得到你想要的婚姻与爱情

Part
第 2 章

恋爱

想要得到完美的伴侣，
你就先要相信 TA 是最好的

对于爱情，对于伴侣，每个人的内心都有一份期待。

单身的人，期待着命中注定的另一半；恋爱的人，期待着恋情修成正果；结婚的人，期待着感情浓度永远不减。

满怀着这些期待，每个人都在构筑自己的爱情梦想，但是既然是梦，就一定会有"美梦"和"噩梦"之分，所以我们看到，有些人在享受爱情的幸福甜蜜，有些人却在爱里煎熬受苦。

大家都知道有一句话叫作"美梦成真"，但其实"噩梦"也一样会"成真"，翻译成俗话就叫"怕什么来什么"。接下来我就要跟大家分享一个"噩梦成真"的故事——古希腊神话《俄狄浦斯王》中的寓言故事：一个刚出生的王子被上天诅咒，说他将会杀害自己的父皇，娶生母为妻，并生下孽子孽孙。他的父皇为了逃避这场灾难，让一个牧人刺穿了婴儿的脚踝，并丢弃到野外等死。但牧人心生怜悯，谎称完成了任务，其实暗地里将婴儿转送给了邻国的国王收养。多年以后，王子长大，知道了自己被诅咒的厄运，为了避免灾难，决定远走他乡离开养父母。结果造化弄人，在半路上与一伙人发生争执并失手杀人，其中就包括他的国王生父。而后王子来到了自己原本的国家，并且用智慧解开谜题，征服了当时正在危害子民的怪兽，最终在众人拥护下他当上了国王，并娶了国王遗孀为妻，生下两儿两女——至此，王子亲身印证了当年他出生时被下的诅咒。这就是非常著名的"杀父娶母"的故事。其实聪明的大家一定都发现了，如果没有最开始的"诅咒"和"预言"，这个王子理应安稳地在皇宫成长，可能根本就不会发生后面这些情节。

而这个"噩梦成真"的过程，在心理学上有一个名词，叫作"自我实现的预期"。简单说就是：你对自己的梦想和预期，都会隐射在自己身上，并且逐渐慢慢实现。严格一点的定义是这样的：当人们对后果有期待或期望时，就会引发某种行为，预期可以通过自我暗示或他人暗示形成自我激励或他人激励，对激发和调动潜在能力起到一定作用。积极的预期会产生积极的结果，消极的预期会产生消极的结果。

这样说起来，大家可能会不太容易理解，其实在生活中、感情中有很多很多这样的实例。比如，我们经常听说类似这样的情节：有些男生总是害怕自己的女友出轨离开他，于是整天查女友电话电邮，时刻要求汇报行踪，给女友打电话几声响铃没接男生就发飙，除了陪自己哪里也不让女友去、谁也不让女友见。可能女生本来是很喜欢他的，但是最终还是不堪其扰，只能以分手告终。但其实，如果男生能给女友多一点信任和自由，这段关系本可以正常进行和发展下去的。还有些女孩总是担心婆媳关系不好，害怕婆婆欺负她，于是只要婆婆对她稍有点冷淡，就开始暗自揣度：看吧，你果然是个想欺负我的坏婆婆！然后开始保持警惕和距离，处处疏远和防备，久而久之婆媳关系果然发展到水火不容的地步。可是，说不定原本婆婆只是那几天心情不好、身体不舒服罢了，但是看到了儿媳的言行，她反而认为儿媳在刻意疏远她，于是婆媳关系就进入了一个恶性循环。

我之前听过一个故事：老大开枪打中了小弟，小弟回头说："老大，你的枪走火了。"

如果你是老大，即使你想杀小弟，听到他这么说，你还下得去手开第二枪吗？肯定下不去手了。

但如果这个小弟说的是："我为你忠心耿耿这么多年，你竟然开枪打我，其实我早就看出来了，你就是想过河拆桥！"

你觉得结果会如何呢？即使只是枪走火，那么以后他们也无法好好相处了吧。

从这个例子就可以看出，虽然我们无法断定老大开枪的真正原因，但是我们的想法和意愿却能够改写结果，甚至改变对方。

恋爱中我们也会看见类似的事情，比如：有时男生可能漏接女友电话。

这时女生通常会出现两种典型做法：

1. 女生打一两遍还是没人接，就会给男生留短信说："你是不是在忙呀，等你有空的时候回电话给我哦！"——这种是正常女生的做法；

2. 女生会夺命连环 call，直到男生接到为止，而且男生一拿起电话她就会劈头盖脸开始说："你为什么故意不接我电话？是不是背着我干什么事呢？"

我们比较一下两种做法——

第一种做法是一种正面的推测"你不接电话是有原因的"，这表现出了女生对男生的充分理解和尊重，男生看到留言之后也会愿意及时给女生回电，不管男生有没有正当的理由，都会为漏接电话感觉愧疚。

第二种做法其实包含着一个先入为主的判断，"你是故意的，你是坏人"，万一其实是人家真的很忙呢？当男人受到了这种莫须有的指责，他内心就会产生抵触情绪，也许下一次，他就会真的"故意"不接你电话，用行动来抵掉自己这次的冤屈，甚至可能出现"被动攻击"。

在很多事情上，你对他人的揣测和预设，都会像影子一样投射在对方身上，你的言语和态度，会一步一步推着对方向你预设的方向前进，最后他就会下意识地实践你的预言。

我在案例里经常会看到一种女孩，她明明最恨家暴，但是偏偏每一任男友都家暴；她明明最恨出轨，但偏偏每一任男友都出轨。

等我跟她深入交流了恋爱中两个人相处的模式后，才发现事情是这样的——

吵架时女生用尽语言优势欺压男生，男生不知道怎么还嘴就会暗暗憋气。

女生看到男生气鼓鼓的样子就会说："怎么着，你想打我是吗？"

男："没有！"

女："好吧，谅你也不敢打我。"

男："闭嘴，你要再说我可真忍不住动手了啊？"

女："好啊，我早就看出来了，你就是这种人，我最恨家暴的人啦！"

在这个过程中，这个男人的脑海中就会不断地被强化一个概念——"家暴""家暴""家暴"，这变成了他潜意识里解决问题的路径，最后他就会被女生亲手培养成一个会家暴的男人。

出轨也是一样的道理。

同样一件事，同样一个人，你处理的方法、态度不同，事态的发展、对方的行为都会截然不同。

消极、恶意的"预期"和"设定"，会激发对方心底的"恶"，把事情导向最坏的结果。所以，我们要尽量找到每一个人、每一件事最积极和正能量的一面，并且不断地强调好的一面，弱化不好的一面。

古希腊神话故事也有一个类似的例子：塞浦路斯的国王皮格马利翁是一位有名的雕塑家。他精心地用象牙雕塑了一位美丽可爱的少女，并深深爱上了这个"少女"。皮格马利翁为雕塑少女取名、穿衣，并且天天拥抱陪伴她，真诚地期望自己的爱能被"少女"接受。他日夜祈求女神能赐给他一位如雕塑般优雅、美丽的妻子，最终他的真诚期望感动了女神，女神帮助他变活了雕像，而雕像少女也最终成了国王皮格马利翁的妻子。

后来，人们从这个故事中总结出了"皮格马利翁效应"，意思就是：人的情感和观念会不同程度地受到别人下意识的影响，而赞美、信任和期待具有一种能量，能改变人的行为，使人获得向上的动力，所以赞美、信任和期待能产生奇迹。

在现代也有类似的实验来印证这一效应。

美国哈佛大学的著名心理学家罗森塔尔曾经做过一个教育效应的实验。他把一群小老鼠一分为二，把其中的 A 群交给一个实验员说："这一群老鼠是属于特别聪明的一类，请你来训练。"他把 B 群老鼠交给另外一名实验员，告诉他这是智力普通的老鼠。两个实验员分别对这两群老鼠进行训练。一段时间后，罗森塔尔教授对这两群老鼠进行测试，测试的方法是让老鼠穿越迷宫，结果发现，A 群老鼠比 B 群老鼠聪明得多，都先跑出去了。其实，罗森塔尔教授对这两群老鼠的分组是随机的，他自己也根本不知道哪只老鼠更聪明。当实验员认为这群老鼠特别聪明时，他就用对待聪明老鼠的方法进行训练，结果，这些老鼠真的成了聪明的老鼠；反之，另外那个实验员用对待普通老鼠的办法训练，也就把老鼠训练成了不聪明的老鼠。

罗森塔尔教授立刻把这个实验扩展到人的身上。1968 年他带着一个实验小组走进一所普通的小学，对校长和教师说明要对学生进行"发展潜力"的测验。他们在六个年级的 18 个班里随机地抽取了部分学生，然后把名单提供给任课老师，并郑重地告诉他们，名单中的这些学生是学校中最有发展潜能的学生，并再三嘱托教师在不告诉学生本人的情况下注意长期观察。八个月后，当他们回到该小学时，惊喜地发现，名单上的学生不但在学习成绩和智力表现上均有明显进步，而且在兴趣、品行、师生关系等方面也都有了很大的变化。

在心理学上，"皮格马利翁效应"和"罗森塔尔效应"同被称为"期望效应"，最形象的说明就是："说你行，你就行，不行也行；说你不行，你就不行，行也不行。"

我以前看过一个韩国作家写的书，说起自己让一个花花公子收心的经历，其实运用的就是这样一个道理。

我知道很多女生面对花花公子的态度就是：渣男，我早就知道你不可能一心一意，我早就看透你了，你就是本性难改。

但是，这位智慧的女性是这样对待花花公子的，她说："虽然你表面上看起来很花心，但是我知道你本质是很善良的，你其实也一直想找到一个爱人，只跟她一个人相爱，好好幸福地度过一生。"

后来故事的结局就是：浪子为了她"回头"了。

其实她自始至终最大的秘诀就是：为这个男人构筑起了一个正面的人格和幸福的梦，并且不断地激励和强化这个形象和梦想，最终这个美梦就映射在了男人身上，成了现实。

其实不管是在生活中还是在爱情中，不管是对于女生还是男生，这些道理都是通用的——

你期望什么，就会得到什么；你相信什么，就会实现什么。

只要充满自信地期待，只要真的相信事情会顺利进行，事情一定会顺利进行；相反，如果你相信事情不断地受到阻力，这些阻力就会产生。

如何收获完美爱情？每个人都想知道答案。但其实它有一个最大的秘诀，就是：想要收获美梦，你就首先要构筑一个美梦；想要得到完美的伴侣，你就先要相信自己的伴侣是最好的。

能做到这一点，你就离幸福更进一步了。

异地恋升温技巧，
让他紧紧黏着你

很多时候我们会发现，与身边的人谈恋爱不会出现的问题，都可能出现在异地恋中。有时候一个拥抱可以解决的事情，在异地恋里沟通几小时也难以说清。但是在谈论如何相处之前，我先要跟大家分享一下异地恋应该如何开始。

相信很多女孩子都遇到过这样的情况，你在朋友的婚礼上或者出差的时候遇到了一位男性，他也是来参加婚礼或者出差的。你是北方人，他是南方人，你们所生活的城市相隔十万八千里。虽然从认识开始你们就一直黏在一起，但你仍觉得不够。大脑不止一次地提醒你该离开了，去看看多年不见的老同学，探望一下在这个城市多年不见的亲戚，但你就是做不到。你觉得你们两个人距离太远了，谁知道下一次还能不能再见呢？所以跟他待在一起五小时、八小时甚至更久又有什么关系？

他请你喝咖啡吃甜点，你答应了；他请你看电影，你也没拒绝；他请你出去走走，你表现得兴高采烈；然后他加了你的微信，要了你的电话号码，依依不舍地跟你分开，并许诺之后一定会去你的城市看你。你觉得自己谈恋爱了，在回去的路上，你忍不住告诉妈妈、告诉朋友，在心里一遍又一遍地憧憬再相遇的时候你们会给彼此制造什么样的惊喜。但事实是，因为你开始跟他在一起的时间太长了，他要么再也不会打电话给你，要么会过了一两个星期才打电话，但并没有说要见面的意思。也许他真的有过来看你的计划，但你发现，他并不是单纯因为想来看你，而不过是参加其他的活动，顺便过来拜访……你感到前所未有的失望，为什么你都开始坠入爱河了，对方却仍然那么冷静？在一起时表现得那么炙热，你以为他已经爱上你了，却为何回去了之后就变得如此冷淡？你那么热烈地期盼，为什么他不马上过来看你？

亲爱的女孩，那是因为你没有学会"欲擒故纵"。初次见面，你跟他在一起待的时间太久了，他知道你喜欢他，所以你对他完全没什么挑战可言了。我当然不建议女孩在刚接触男生的时候就表现得十分高冷，拒绝所有的邀约，但是你要学会利用对方的期望值，懂得适度地拒绝，并且不能跟他待在一起太长时间。一方面可以避免你在感情上受到更多的伤害，因为对方也许不是单身，到了另一个城市很可能只是为了猎艳、找个乐子；而另一方面，你表现得神秘，难以捉摸，他即使回去了也会一直想你，想要马上给你打电话，并且会迫不及待想要再见到你。所以刚认识一个男生，你就愿意花掉一整个晚上跟他在一起，他会觉得你没有神秘感，太容易征服，反而容易对你丧失兴趣。

所以如果在宴会或者朋友的婚宴上，有男生注意到你了，过来找你搭讪，当天晚上就邀请你跟他一起吃饭或看电影，因为他第二天就要离开那个城市，而你可能也不会再在你们相遇的地方出现，但你觉得你们还有开始的可能，就一定要懂得适当地拒绝。制造不可得性，才能勾起男人更多的兴趣。你可以跟他说：虽然我也很想去，但我已经有别的安排了。如果他对你有意思，那就一定会努力安排下一次的见面。女生一定要记得，如果对方想约你，就一定要提前安排。如果他是一时兴起，那只能说明他不是那么想见你，也不会主动追求你，不管他现在对你是否表现出了兴趣，但对你的这种热情肯定不会持续太久。

如果对方已经开始追求你，已经表现出对你的极大热情，女孩还需要注意什么呢？

第一，不要经常打电话给他，要尽可能让他打给你。同时你也不要跟对方煲电话粥，一聊几小时，最好在十几分钟的时候就挂掉，而且很多事情不要在电话里讲，而是留下一个话头，等见面的时候再告诉他。比如你可以说：我今天经历了一件特别有趣的事情，让我终生难忘。他问你是什么的时候，你就回他说，电话里也说不清楚，等见面的时候再跟你细聊。

第二，一定要让对方来看你。因为他来看你会加大他对你的付出成本。从常理上来说，由于亲本投资的不同，男人理应为女人付出更多，在自然界，所有物种都是遵从这个道理的，人类没有理由因为短短几百万年的进化而背离亿万年以来的生物规律。所以我们往往会看到男人痴心一片，最终感动女方终成眷属，而女方倒追倒贴，付出一切却只得到一场空。

有些男生可能会说，我这里有更多好玩的地方，你要不要来我的城市，或者选择另外一个城市见面？女孩在这种情况下一定要学会拒绝，你可以说："听着很有趣，我也很想去，但我最近真是太忙了，脱不开身。"不告诉他忙的理由，也不告诉他什么时候能脱身，语气温和轻柔，他自然会明白。什么时候你可以去对方的城市看他呢？在他来看你三次以后，你可以偶尔去一次，但也不能太频繁。女生经常会给自己找借口，比如我就是想出去玩一玩，或者刚好有个朋友亲戚在那个城市，我很早就想去看他们了，正好过去也能见见他。或者有些男生会非常主动地提出给你提供往返路费，机票都给你买好了，你总该没理由拒绝吧？但真的就应该拒绝，因为你主动的次数越多，在对方心目中的分量就越低。所以必须由他来看你，必须是他主动来你的城市。

第三，对方来看你的前三次，一定不能跟他住在一起。你可以提前帮他订好酒店，但到了晚上，你一定要提前离开。有些女生可能会说，我认识他的前三个月也没跟他发生关系啊，可是他一个月才来看我一次，是不是第三次就可以跟他发生关系了？一定不能。如果他提出这样的要求，你要说"我们才刚认识不久呢""我们见面的次数还太少，我还不了解你呢"，一定不要让对方觉得你是一个特别好得手的女孩。

第四，即使是对方来看你，也尽量不要主动安排好你们的约会行程，看电影、吃饭、出去玩……把一切都张罗妥当。女孩子特别容易感动，想着对方离那么远，都已经主动过来看我了，我一定要把所有的事情都安排好。他不喜欢吃辣的，就避开湘菜川菜；他喜欢看足球，就提前订好了联赛的票……你以为是在表现体贴，在对方眼里就是你对他满满的在意。你对他的心动比他对你的心动更多，他的猎奇心理就会减弱。

有了前面这些基础，你们的爱情也许会有一个很好的开始。可是很多女孩子不禁要问，异地恋久了，两个人开始感情很好，可是随着恋情的发展，两个人越来越觉得无话可说怎么办？异地恋经常看不到人，两个人见面又少，如果有一方不太擅长聊电话或者发信息表达感情，另一方就很容易没有安全感。因为聊天是两个人的互动，如果你一直聊自己的事情，他没给你更多的回应，时间久了你也会觉得没意思。如果面对这种情况，我建议女孩要适当减少和对方的联系。减少联系不是不联系，而是减少每天"例行公事""事无巨细"的汇报。我们都听过"小别胜新婚"这种说法，所谓的"小别"，是指双方的生活对方都没有参与，会产生"朦胧"和"好奇"，而这种情愫会刺激双方的情感，再见面或再联系时能找到更多的话题，增加感情浓度。所以如果两个人达到了打电话发信息不知道应该说什么的程度，不如适当减少一些联系，制造心理上的"小别"。

另外，在减少联系的同时，也要学会为自己的生活加入一些新东西。很多女孩子生活方式很单一，从认识对方开始一直到热恋，到情感疲惫期，基本上没有发生什么变化，每天跟对方说的都是固定的几件事，时间久了对方自然没什么感觉，甚至你说什么他都能提前猜到，毫无新鲜感和神秘感。但如果你让自己的生活发生一些变化，比如你去学习了舞蹈，去参加了很多社团活动，听了很有趣的培训课，再跟对方聊的时候，就能给对方增添很多的新鲜感和神秘感，也能为你们的沟通制造很多之前不曾有过的话题。

同时也可以试试跟对方建立长期的相同目标。

这个目标可以是情感的最终走向，比如结婚；可以是物质的更高要求，比如为了婚后能住上更大的房子，两人共同奋斗赚取更多的金钱。当建立了共同的目标，身处异地的两人可以朝着同一个方向前进，并且在前进的路上相互鼓励相互扶持。

而且，当两人为了共同的目标在奋斗时，就会产生共同的话题和相互理解，比如两人希望在婚后住上更大的房子，就需要更努力地工作，这时候工作对两人而言就变成了对彼此的激励，生活也会过得非常充实。

女孩子还要学会制造话题和惊喜。经营异地恋的难度很高，但你可以跟对方约定在同一时间做同一件事，比如去看同一部电影、看同一本书，然后彼此交流一下心得。知道对方在同一时间和你做同一件事情是很好玩的，尽管分处两地，你们也可以分享一段"在一起"的时间。这样，你和对方会不断地有新话题可以聊下去，同时，两人在分享的过程中，可以了解双方对同一件事物的看法，给予彼此更多的安全感。

现在我们处在一个网络高度发达的时代，只要自己愿意花心思，惊喜是可以换着花样来制造的。比如你知道男朋友的地址，某天晚上你和他聊天时，知道他在家尚未吃饭，你可以直接用手机帮他点一份他喜欢的晚餐，当他收到热腾腾的晚餐时，同时收到的还有你满满的爱意。又或者可以物色一些有特色的小礼物，礼物并不需要很贵重但是能显示出你的心思和个性，适时地给他寄过去。像这样经常地为异地的他制造一些小惊喜，对方能不断地通过实物感受到你对他的用心，对两人的关系是一个良性的促进。

最后，要规划定期见面的时间。异地恋最大的问题就是见面少，如果你们太久不见面，问题肯定一箩筐，再深的爱也会被淡化。所以定期规划见面，是对感情维护和升温的重要保证。而且在准备见面的过程中，两个人都在共同做一些努力，也是为你们制造话题的好方式。

私房课

手把手教你
如何培养男朋友对你的保护欲

Q 问：

娃娃姐你好，想问一下平时对男友依赖度不高，比如晚上他想送我回家，我觉得各自打车到家之后报平安就好，约会的时候男友想来我楼下接我，我觉得只要在约会地点等就好，不必跑来跑去麻烦，而且是真心觉得没必要，不是口是心非。请问娃娃姐这样男友会对我失去保护欲吗？长期如此会不会反而使PU变高，怎样才能拿捏分寸？

A 答：

我们都知道，在上学的时候，为了能够通过考试我们会做很多习题册，那些在平时勤奋做题的学生最后考出来的成绩总不会太差。保护欲也是如此，你如果在平时就培养你的男朋友对你的保护欲，那么等到你想要他对你有保护欲的时候，他才会对你有保护欲。

而且，在男孩子眼里，"独立"并不是一个很好的词语。如果你总是给你身边的男孩子你很独立的感觉，他们就会觉得你不需要他们，然后去找一个需要他们的女孩子，你很有可能会因此失去很多机会。

所以，女孩子不要太依赖男孩子，也不要太独立。分寸就是在你不会特别反感他的行为和他能够接受你的行为之间找一个平衡点。

　　情绪价值、观赏价值、养育价值、生育价值，这是两性关系中的几大价值。而在两个人的相处过程中，情绪价值提供得正确与否，决定了两个人的感情浓度。为什么有的人关心我们的时候，说的话特别让人舒服；而有些人，你虽然也知道 TA 在关心你，但说出的话却让你无比心塞。同样是提供情绪价值，为什么给人的感受却完全不一样呢？因为你以为给的情绪价值和真正的情绪价值是不一样的。

　　举个例子来说，有一个女孩，她的中学老师发了几张和自己学生的毕业合影，这个女孩看着老师比她的学生还好看，想夸老师几句，结果说了一句：你学生怎么看着比你还老呢。说完这个女孩也没意识到问题，以为自己是给老师提供了情绪价值，直到老师幽幽地回了一句："你是夸我呢还是骂我呢。"她才意识到自己表达的非本意。

　　情绪价值并不是一定要在实际行为中给予什么，最重要的是创造一种氛围或者气场，让身处其中的人感觉到好像这是当下那个时间点最重要的。而更为主要的是，给予别人需要的，而不是自己以为他需要的。

生活中我们经常遇到人自以为是地提供情绪价值，比如："看你的××（朋友或姐姐等）过得那么幸福，整天有老公围着转，我真的很担心你。"又比如："我这么辛苦都是为了你（们），从来没有为过自己，却得到这样的结果。""你（们）过得好好的就行了，不用管我了。""我没有帮助过（养过）你，所有的一切都是你靠努力取得的。""我不是怨你，我只是怨自己命苦……"

电视剧《欢乐颂2》中，王柏川的妈妈找到儿子一直深深喜欢的樊胜美，很嫌弃地劝她离开自己的儿子，而当樊胜美果断离开了王柏川，儿子找她对质的时候，她说："妈妈宁可你现在恨我，也不愿以后你怨我没提醒过你。"她本身也许是为了儿子，出发点是为了儿子幸福，以为自己提供了情绪价值，但其实所给的并不是真正的情绪价值。这两者之间有什么区别呢？

"自以为给了"是以自我内心感受为中心，而"真正给了"是以对方内心感受为中心。自以为给了情绪价值，重点多放在自己身上，虽然听起来是在为对方着想，但实际上表达的却是自己如何如何；实际给了情绪价值的，重点多放在别人身上，虽然也会提及自己，但是说自己是为了衬托别人。正确地提供情绪价值，应该是站在对方的角度先考虑他此刻想听什么样的话，再决定自己要说的话。

比如女孩A把事情搞砸了，高智商朋友B和低智商朋友C之前都曾提醒过A的疏漏之处。事后B对她说，没关系的，你也不要太懊恼，事情已经如此，我们一起想想怎么补救，你说我们如何如何会不会好一点呢（B 提出了解决问题的方法）。C 对她说，跟你说过了你不听，看你以后还听不听我的，跟你说你要怎样怎样（C 开始说他想到的解决办法）。

朋友 B 提供的就是正确的情绪价值，而朋友 C 提供的则是自以为的情绪价值。自以为提供了情绪价值是以自己为出发点，是圣母心态的一种表现，总以为自己是为了对方好，却不知道这是一种施于人的"好"，这种"好"对方不见得需要，并让对方感到压力。而真正的提供情绪价值则是高情商的一种表现，能让对方很开心，能让对方真真切切地感觉到你很懂他，很了解他，很明确地知道对方的需求。

正确的情绪价值都是不求回报的，或者说不在做之前就期待回报。比如有些女孩不能说她们对男友不好，但是她们对男朋友好的时候，其实心里想的是"希望他也能这样对我并且更好"，比如送他一个 500 块钱的礼物，就希望他能回送一个 1000 块钱的。如果他没做到，你的心里就不痛快，在语言和行为上或多或少会表达出来。但是男生都不笨的，他能感觉到你的不高兴，这样提供的情绪价值还不如不提供。

那么，怎样才是正确地提供情绪价值呢？

首先，从心态上来讲，提供情绪价值的人首先要自己的情绪稳定，不容易受到生活中的各种事情干扰。比如你想提供价值，但是你自己已经被很多事情烦到了，心情很不好，那么在跟对方说话的时候难免会带出自己的情绪。这时候虽然你的本意是希望能够让对方舒服、开心，但是你的情绪传递出来的是负能量，对方首先感受到的是你的情绪，之后才能听到你说的话，所以不管你说的话是多么正确，对方的心里仍然会觉得不舒服。如果你表现烦躁、焦虑、不满，还嘴甜夸他，他的感觉也未必好。所以两个人相处，开心很重要，你开心也会传递给他，相处时保持愉悦，也会提升幸福感。

其次，要学会使用男神说话术。平时多夸对方，夸奖的时候要真诚，从具体的细节夸，从他日常的变化夸。比如发型变了要夸，衣服搭配得好看要夸，正在努力的地方就算没进步也要夸，对方心情不好的时候一定要先让对方心情变好，之后再讲其他的内容，带有个人观点的话要等到对方情绪缓和了再讲或者根本不要讲……

最后，不要以为自己提供了情绪价值就试图索取。自以为给了情绪价值的人会觉得自己付出特别多，其实这种心态不过是自己在感动自己，觉得我都已经哄你开心了，你为什么还不领情？看不见我的付出？不给我回应就是对不起我，就是不配合我，感觉就像是对方欠了自己的。但是正确地提供情绪价值，是你在提供情绪价值的时候自己是开心的，也能让对方感觉到开心。真正传递给别人情绪价值是让人在舒服的前提条件下产生愉悦，感受不到压力，而不是建立在让对方要对自己的情绪价值进行回馈的基础上。

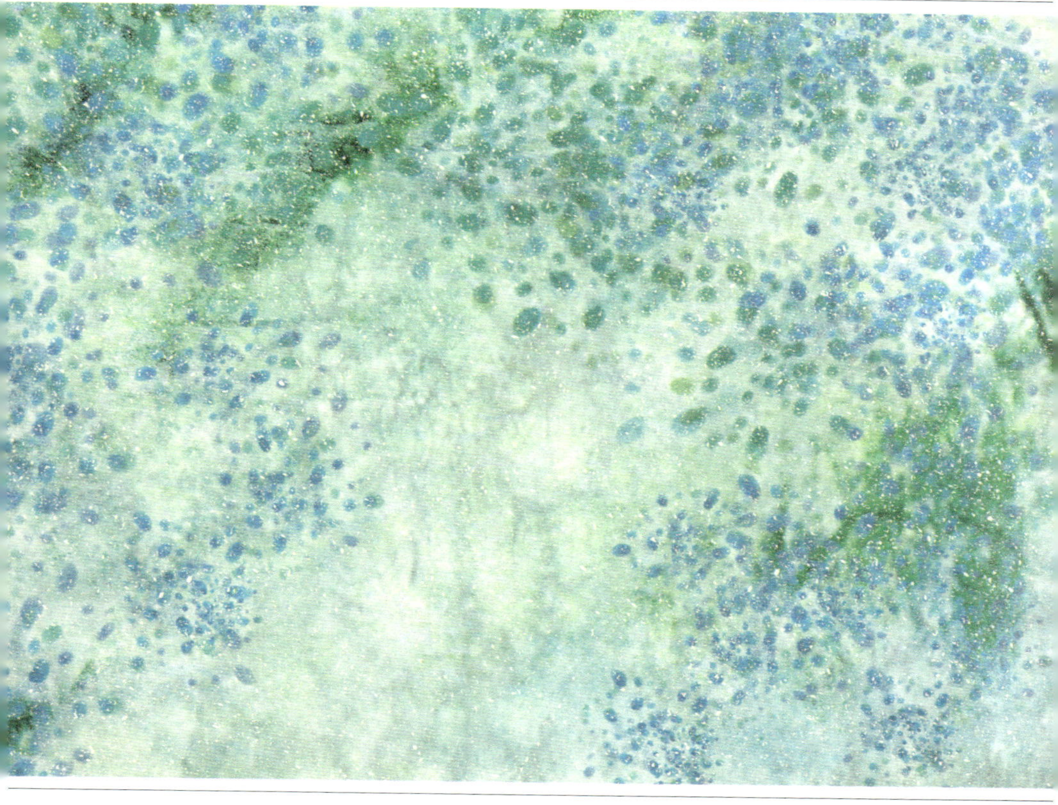

要么走心，
要么走人

糊糊和男朋友在一起之后不久关注了我的微信公众号，看了我的微问答之后觉得非常有道理，尤其是走心经历，让她羡慕不已。于是她开始反思，发现自己在这段关系中做错了很多事情。

我曾经说过，要有三个月的追求期，但是他们是高中同学，大学毕业之后重新联系在一起，男方在一次同学会上表白后，她觉得人知根知底，在一起很不错，就顺利脱单了。我还说过，不要过快和对方发生关系，但是他们在一起之后不久，男方就邀请她去旅游，她觉得男朋友诚意很足，曾经带着礼物来拜访她的爸妈，就没有推托。现在两个人处于女方逐渐失去主动权，男方越来越冷淡的状态中。但是她很想念过去两个人甜蜜腻歪的时光，那时她出差一周，问男朋友想不想她，男朋友说好想好想，在她出差回来之后还陪她过了情人节。

她翻看了几期微问答，觉得给对方提供情绪价值很好，很多走心的女孩都提到了这一点，于是她开始实践给对方提供情绪价值，结果发现我的方法没有看起来那么好用。比如她看到我说要表扬、崇拜男朋友，却发现她每次表扬、崇拜男朋友之后，男朋友都表示非常反感，并且和她说以后不要再这样了，要像成年人一样说话。比如她看到我说要给对方提供像过山车一样的情绪价值，却发现男朋友也不买账，没有按照自己设想的剧本走，她也不知道接下来该如何接话。反而回到之前的互相损，互相调侃的方式，可以让两个人多一些沟通，让她觉得对方很爱她。但是私下里她又会觉得不安，认为男朋友贬她、损她是对她没有保护欲的表现。她为此问过男朋友，是不是爱她，男朋友回复了"嗯"。于是她给我发私信说，两个人在一起是非常甜蜜腻歪的，为什么用了我的方法之后反而越来越冷淡。到底该怎样做，才能像走心的小仙女一样，拥有幸福的婚姻。

相信很多没有走心的女孩都和她一样，想要走心却总是找不到方法，认为自己也花了很多时间学习，为什么最后就是没有得到像走心经历一样的待遇。很多人在上学的时候也遇到过同样的问题，成绩不好，不知道怎么提升，每天学习到半夜，考试成绩忽高忽低，遇到自己擅长的题就会做，遇到自己不擅长的题就迷糊。老师着急，家长也着急，和你说要努力啊，来年就要考大学了，成绩还是忽高忽低怎么行。这些人还一脸委屈，我没有不努力啊，我每天学习到半夜呢！

最根本的问题出在感知能力上。在糊糊这段感情中：追求期，事实是对方想以最低成本拿下糊糊，糊糊感知到的是有人追求自己了，还是自己的高中同学，那就顺其自然地在一起吧。在一起之后，对方想快速发生关系，采取的策略是见糊糊的爸妈，增加糊糊的沉没成本，麻痹糊糊，邀请糊糊出去旅游。糊糊感知到的是，他都愿意见自己的爸妈了，肯定是想娶自己的，于是就在旅游期间和对方发生了关系。糊糊出差一周，男朋友说好想好想她，还给她过情人节，这明明是感情中的常态，糊糊就觉得这是甜蜜腻歪了。后来糊糊问男朋友你爱我吗，男朋友回复了一个"嗯"，这明明已经到了感情中的冰点，她却觉得对方只是对她冷淡而已。

对于感知能力很低的女孩来说，这个世界不是它原本的样子，是她们臆想中的样子，她们不愿意尊重事实，会为自己不想改变找各种各样的借口。即使开始学习我的理论，也只会从中找到对她们有利的内容，而不是去面对自己，根据自己最真实的情况解决问题。这些人不管是升高 MV 还是降低 PU 都非常吃力，这就好像做题的时候生搬硬套公式不知道公式背后的逻辑一样，学习到半夜，也只能面对一个题型换个数字就不会做的现实。即使学会了一个解题方法，用的时候也是事倍功半，她们不愿意去感知到底哪里出现了问题。

比如女孩，觉得自己 PU 很低，但是不明白为什么在交男朋友的事情上总是失败。我问她是怎么"低 PU"的，她说，我就跟他说："虽然你不是最好的，也不是我的最优选，但是我依然想和你在一起。"你们感受一下这句话，能叫低 PU 吗？她的话里包含两个意思，第一个是"你不好"，第二个是"我喜欢你"。在这两个意思中，"你不好"PU 很高，会让对方感知到你的嫌弃，"我喜欢你"就 PU 很低了。那么低 PU 的表达应该是怎样的？应该是只表达"我喜欢你"就好。

有一些女孩是无法正视自己的 MV，比如前两天我看微信公众号的后台，发现有一个女孩跟我说她现在大幅度地升高了 MV，是不是就能找到更好的男朋友了。结果她只是从体重 170 斤降到了 150 斤。一个 150 斤的女孩算是 MV 高吗？150 斤的体重在择偶市场依然是短板，可是这个女孩却还在沾沾自喜，为自己降下来的 20 斤体重而高兴。

还有一些女孩，没办法察觉自己在感情中所处的状况：比如有一个女孩跟我说她每次和她的老公撒娇都会失败，我问她怎么撒娇的。她给我看了她给她老公发的短信，应该是她老公聚餐很久还没回来，她说："老公，你快点回来，人家一个人在家里好害怕啊。你要是不回来，我都没办法一个人入睡。"其实如果两个人的关系很健康的话，发这样的话会让对方很快感受到依恋，但是他们两个人已经处于一段不是很健康的关系里面（比如常常冷战），这样的一段话中的正能量很难被对方感知到，反而索取和责怪的意思能一下子被对方 get 到。所以同一句话不同的人、不同的场景说出来可能会不太一样，不恰当的表达反而会给两个人之间的沟通增加阻力。

根据自己所处的状况做出正确的决策是非常难的，不仅需要对两个人的 MV 和 PU 进行感知，还需要深刻反思这段关系到底是哪里出现了问题。所以面对这样的状况，建议大家先做到不让做的事情坚决不做，把复杂的问题先简单化。比如不要婚前同居，不要踩雷区，不要索要情绪价值，不要嫌弃对方，等等，这样可以尽可能在一段关系中保护自己。

糊糊面对的情况就是如此，她需要做的事情有那么难吗？并没有。

她需要做的只有三点：第一，不要那么快和对方在一起；第二，不要过快与对方发生关系；第三，不要贪恋短择。两个人在发生关系之后，感情浓度降到冰点，她还在自我麻痹觉得两个人的关系还好，妄想通过给对方提供情绪价值的方式扭转局面，重新掌握主动权，太贪心了。而上面的第三个例子中，女孩也没有办法放下过去的隔阂给对方提供情绪价值，最后适得其反变成索要情绪价值了。其实只要简单地说一句"老公，你什么时候回来，我好想你"，效果就会好很多。

最后让我们思考一下，糊糊真的迷糊吗？并不一定。她其实可以感知到到底发生了什么，该怎么做可以让自己幸福，但是面对现实对她来说太痛苦了。她的男朋友对她是短择，但她没办法拒绝，因为她的 MV 低，贪恋被人追求的感觉，才会表现得不够矜持。糊糊觉得提供情绪价值是一个捷径，可以帮助她 hold 住（轻松掌控）男神。可惜她小瞧了提供情绪价值的难度，这并不比减肥、考证、护肤、看书简单到哪里去。

很多女孩和糊糊一样，让她减肥，她会说吃不到自己想吃的东西很痛苦；让她考证，她会说还要看书，太累；让她护肤，她会说自己收入太少，买不起护肤品；让她学习服装搭配，她说学习那些太麻烦，娃娃姐你干脆告诉我要买哪件吧；让她把我的书都看完，她会说我的问题挺急的，娃娃姐你直接告诉我该怎么办吧……她们会觉得，人和人之间不公平，为什么有些女孩生下来 MV 就很高，但是她们没有看到这是女孩祖祖辈辈积累的结果。她们只看到了走心的女孩得到了想要的另一半和婚姻，但是没有看到提升 MV、降低 PU 需要付出的努力。

　　她们觉得，谁谁谁只是运气好而已，选对了人，但是她们没看到谁谁谁在做人生重大选择之前十几年的思考。感知能力不提高有什么好处吗？没有，那为什么这些女孩不愿意改变，因为不改变很爽。

　　不改变意味着可以懒惰，可以幻想，可以沾沾自喜，可惜接下来，痛起来会更痛。如果你和糊糊一样，也是一个没有走心的女孩，而你不想这样下去，就从现在开始改变。不要再自我麻痹，不要和别人比较，睁开眼睛看看这个世界真实的样子，看看自己真实的生活，感受自己得到的真实待遇，仔细思考自己接收到的信息到底是什么意思，也去思考自己的一言一行会给别人什么样的感觉。最重要的是认识到所有你贪恋的东西，一定要付出常人难以想象的痛苦才能得到，这才是世界的运转规律。

很多处在失恋痛苦中的女孩，可能试过很多办法去挽回前任，不停地道歉解释，做出各种承诺，找亲朋好友帮忙劝说，微信短信不停，电话信息不止，苦苦哀求对方纠缠对方，等等。但是效果并不理想，情况严重的还会被对方直接拉黑，从此之后老死不相往来。你想不通，曾经那么深爱你的人为什么突然会变得如此狠心，难道真的不爱你了吗？你们的感情真的没有办法挽回了吗？

一般来说，女生被男友提分手的原因大概有两个，一个是爆 PU 触及了男友的底线，另外一个是 MV 下降、魅力不足对男友失去了吸引力。爆 PU 而导致的分手，就只能通过适当地降 PU 挽回男友。女孩落落曾写信给我说，她跟男友在一起已经有两个月了，刚开始时男友很热烈地追求她，在一起以后也对她很好，天天打电话，处处关心，还带她去见了父母。后来男友经常要求落落去他们家吃饭，但她觉得一个女孩子经常去男生家不好，而且男友家里的环境也不怎么好，所以很多时候她都是拒绝的。因为这件事他们经常吵架，后来男友忍不住终于跟她提出了分手，理由一是男友觉得她娇气、矫情又蛮不讲理；理由二是男友的父母觉得她很高傲。落落不能接受这样的理由，厚着脸皮苦苦请求对方原谅，但男友并不领情，她很苦恼不知道应该怎么办，所以向我求助。

我觉得这是一个典型的女生爆PU导致分手的案例。男生的理由是"觉得女友娇气、矫情又蛮不讲理"，连他的父母都觉得这女孩"很高傲"，可想而知女生的PU有多高。男生带女生回家是好事，表明了男生长择的意愿，可是女方不领情还找各种理由不去，而且还埋怨男友家境不好，可以猜到女生第一次去男友家时也表现出嫌弃的态度。所以男友提出要分手完全是在情理之中的。但是女生要挽回，应该怎么做呢？

我们来看，女生不想分手，而男生坚决要分，就证明女生对情感的需求高过男生。抛开落落不谈，面临这种情况的大多数女生，一定是言语、行动或者性格中的弱点已经到了让男友无法容忍的地步，所以这个时候女生应该仔细想一下分手的深层次原因，而不能只想用行动和言语去向男友证明自己的一片痴心，迫切地想要挽回爱情。

我认识一个女孩，在分手一周后，去男生家里找男生，可是不管她怎么敲门对方就是不开。后来她就在男生家门口一直哭，哭到身体撑不下去，晕倒在了对方家门口。是男生的邻居发现了她，并且帮忙敲门把她送进男生家里，可是男生等她醒过来以后，冷冷地说，你好了吗？好了就赶紧回家吧。

很多姑娘会像这女孩一样，想尽一切办法妄图让男友回心转意，但越是这样做，男生就越会觉得你太偏执，不可理喻。这个时候，女生不管做出什么"要改正，要反省"的承诺，男生都会觉得你是为了挽回感情才这样做的，而不是发自肺腑真正意识到了自身问题的所在，就算勉强复合，两个人在一起也不会长久。

其实女生和男生之间的情感挽回可以用"过度理由效应"来解释。什么是过度理由效应呢？就是每个人都会力图使自己和别人的行为看起来合理；即使不合理，也会找寻各种理由解释和力证，尽可能做到让其合理。而一旦找到了足够的理由支撑下去，就不会再往深层继续寻找。所以如果一件事情一旦有外在的很浅显的原因在支撑，对方就不会再继续探寻深层次的原因。这样说也许不太容易理解，我给大家举两个例子。

在平常生活里我们经常会有这样的体验，如果是亲朋好友帮了我们，我们不会觉得奇怪，因为"他是我的亲戚""他是我的朋友"，理所当然应该帮助我们。但是如果是一个陌生人，在我们身处困境的时候向我们伸出了援手,那我们就会觉得这个人非常乐于助人。因为我们无法用"亲戚""朋友"这样的外在理由来解释别人的行为，只能探求他人格内部的原因。

有一个老人，在乡村里修养，附近却住着一些特别顽皮的孩子，每天都会在老人的院门口打闹嬉戏，吵得老人没法休息。在屡禁不止的情况下，老人想出了一个办法，他把孩子们聚到一起，告诉他们说叫的声音越大就会得到越多的报酬，然后他每次都根据孩子们的吵闹情况给予不同的奖励。到孩子已经习惯了有奖励的情况下，老人开始逐渐减少所给的奖励，最后不管孩子怎么吵，他也一分钱都不会给了。结果孩子们觉得自己得到的待遇越来越不公平，认为"不给钱了谁还给你叫"，于是老人的房子周围再也听不到吵闹声了。

这个老人就是巧妙地利用了过度理由效应。对于这些孩子，他们如果只用外在理由（得到报酬）来解释吵闹的行为，那么当报酬这个外在理由不存在的时候，吵闹的行为也就戛然而止了。回到情感挽回的案例上来，女孩一旦目的是挽回爱情，那么不管你做什么，男友都会试图通过这个外因来解释你的行为，只有当男友找不到这个外因，觉得你是发自内心改变的情况下，才有真正复合的可能。

所以面对男友提出分手的状况，女生要做的第一件事不是苦苦哀求对方，急着下各种保证，而是应该尽最大努力让自己从痛苦的情绪中平静下来，客观分析两个人分手的原因，从彼此的身上找问题，只有弄清楚问题的缘由，才能找到问题的解决办法。

在认清了问题所在以后，不要急着与对方马上建立联系、跟对方各种下保证，而是应该切切实实改变自己。想想对方曾对你表达不满的地方，你是否能够真正意识到自己的错误，并且非常坚定地做出改变。在挽回时，你越是急着解释，越是急着向对方做出承诺，对方越会感觉你这个人目的性太强，也就是外在原因会解释你的一切行为——而不会让对方发现你想要改变的真正动机。这样的情况下，你做得越多，对方越会后撤。

这时候可能很多女生会担心，我改变了，可是对方看不到怎么办？有几种小技巧：一种是在对方没有拉黑你的情况下，在朋友圈等他能看得到的地方，适当地表现，注意不要过度，让他看到你的变化，而这种变化是自然而然的，不刻意也不做作，他会从你的状态里逐渐感受到；另一种是借助身边的朋友告诉他，让他知道你的变化；还有一种是学会适当地沟通，保持平常心和耐心，让他对你进行重新评判，看到你的变化。在这个过程中女生一定要注意，千万不要因为他没回你的信息或者回应得比较冷淡就表现得委屈和愤怒，多给对方一点时间，你的努力才可能有所收获。

除了爆PU导致的分手，还有一种是MV下降引起的分手。有些女生恋爱之后就不太注意自己的形象了，每天蓬头垢面、不修边幅，让男友觉得你越来越没有魅力，对你越来越冷淡，最后无言分手。所以女生一定要注意，当男友开始冷落你的时候就要提高警惕了，把注意力转到自己身上并努力提升自己的MV，以魅力重新吸引男友，这样才有机会挽回男友的心。挽回MV下降导致的分手比爆PU的难度更大，如果你们之间还有感情基础，就要在断联中找回自我，健身运动，学习打扮，提升外在形象，其次工作之余需要发展兴趣爱好，提升内在价值。当再次遇到男友时展现不一样的自己，让他看到你的魅力，加上你们的感情基础，还是有机会挽回的。

这样吵架，
越吵让男人越爱你

两个人在一起，无论是在恋爱还是已经结婚了，拌嘴吵架是难免的事。别说是情侣了，你和你的兄弟姐妹，在同样的环境下成长起来，有同样的父母，受的是同样的价值观／人生观／生活习惯的教育，但是你们之间依然有很大的差异，依然可能彼此看对方不顺眼，何况是另外一个人。他跟你成长在完全不同的环境下，接受的教育也不一样，相处下来肯定会有分歧和差异，所以争吵是很正常的。但是小吵怡情，大吵伤身，狂吵灰飞烟灭。吵架也是一件艺术活儿，怎样跟伴侣吵架才能吵而不伤，或是更好地和睦相处呢？

首先我们来看一下你们之间为什么总是忍不住要吵架。

前两天看过一个段子，一对夫妻半夜躺在床上睡不着，因为中国男足刚刚赢了韩国队，老公又是彩迷，但是很不巧的是，他那天买的彩票并没有买中国赢，但是他会畅想说，如果买对了，或者如果有一天自己一下子中了500万，这个钱应该怎么花。他说着说着，妻子也兴奋了，立刻加入了讨论的行列。丈夫说要去旅游，妻子说不行，得先把房买了，北京限购政策现在那么严格，如果现在不买，以后更买不起了；丈夫说喜欢豪车，妻子说买车折损太大不划算，越说两个人的分歧越大，于是大吵起来，甚至动了手。

还有一对情侣，同样也是因为男足，在中国队0：1输掉了对阵伊朗的比赛后，球员姜至鹏因为婚内出轨被推上了风口浪尖。女生看了新闻后，一脸痛恨地说"男人果然没一个好东西"，男生听了立刻回嘴"你在说谁"，于是两个人吵了起来。这种让人哭笑不得的案例，在生活中每天都在上演。回想一下，在我们的恋爱里、婚姻里是不是都有这样的一些经历？家长里短不假思索的闲聊，会因为对方突然的一句话而刺痛神经，星星之火可以燎原，问题和矛盾不断升级和被放大，到最后就演变成了"你不爱我了""你变了""这日子没法过了"，等等。很多时候莫名其妙地吵架，到最后都忘了开始时是为了什么而吵的。但总结起来，争吵的原因一般可分为两种，一种是像第一个案例那样，因为对钱的支配想法不同而发生了争吵，这种是在吵差异；而另一种是像第二个案例那样，因为球员的出轨，女生觉得刺激了自己的神经，她表示对这种情况没办法认同，但是她的话语又刺激了男生的神经，所以两个人争论的是感受。

如果你稍微回想一下，就会发现，当你跟对方刚刚在一起的时候，也就是热恋期，放眼望去，那个人满身都是优点，即使偶尔你发现他身上有一两个小缺点，你也觉得可爱得不得了，都是在你可容忍的范围内。可是，在一起时间长了，激情退却了，就开始挑问题和毛病了。看对方不顺眼，在生活习惯和处事方法上不能达成共识，自然就会发生争吵，而这个争吵其实是为了教会我们怎样接受彼此的差异性。

我认识一对夫妻，印象当中他们一直相处得很好，从来没有红过脸吵过架。可是结婚一年之后他们却要离婚了。问及原因，女生说，我其实是一个脾气不太好的人，结婚以后为了改变自己，也为了顾及老公的感受，每次发生矛盾的时候，都会有意识地控制自己的脾气，尽量忍让和迁就，不和老公吵架。但是不吵架两个人之间的矛盾就没有了吗？肯定还是存在的，只不过所有的矛盾都被她暂时地忍耐和压抑了下去，从来都没有获得解决。也许在生活里很多人都会说，一对恋人或者夫妻之间，出现矛盾和问题的时候，不要闹情绪，要学会相互包容和体谅，淡化矛盾，但这并不是说应该压抑情绪，逃避矛盾，对问题视而不见。适当地去与对方争一争、说一说，对方能够更清晰地了解你的想法，而你们的很多差异在经过磨合之后才能变得更加和谐。

为什么人与人之间会发生争吵，其实是因为"争"所以才发生了"吵"。但是不是只要有"争"就一定要赢，一定要分出胜负呢？有这样的想法肯定是不对的，因为感情关系里面，不管是恋人还是夫妻，两个人根本就没有什么原则性的问题，感情是最没有道理可讲的，很多事情都是公说公有理、婆说婆有理，根本就分不出来胜负。而一旦你产生了极强的胜负欲，一定要赢，那么就一定会做出很多伤人的事情来。

我的一个男性粉丝，他就曾跟我说过，他和他女朋友每次吵架之后，心里都会留下阴影。因为他们一次次地争吵，一次次地失望，然后原谅对方，可是内心的伤痕越来越多，心里也觉得特别委屈和累，最后受不了，两个人分手了。为什么会出现这种情况，我相信这两个人在争吵的过程中，一定是用了比较多的人身攻击。两个人在一起，难免会针对相同的事物有不同的看法，会有不同的态度，但是在发生争执的时候，一定不要进行人身攻击，不要谩骂。不管你有多不认同对方，都不要说"你怎么这么笨""你这么蠢，永远都在做不对的事情"，等等。避开人身攻击，就事论事，在发生矛盾的时候，不妨先来听一听，对方打算怎么处理，他为什么要这样处理，先听听对方的理由，给对方一个解释的机会，这也许会是一个特别好的处理分歧的办法。

之前曾经看过一个哲理小故事。一对老夫妻，已经七八十岁了，吵了一辈子。有一天他们终于吵累了，就找到了一位得道高僧，请教能让他们不再吵架的妙方。高僧听完他们的请求后，分别递给他们一个瓶子，瓶子里面装着液体。高僧说："这是我精心研制的神水，每当你们发生争吵的时候，请立刻喝上一口，保证你们不再争吵。但是我这个神水很特别，要想让它发生功效，就必须含在嘴里不能咽下去。"这对老夫妻照着做了，果然就不再争吵了。但是你明白高僧的用意了吗？

发生争吵时，要适可而止，不要让吵架的最后一句话从自己的嘴巴里说出来，这才是最明智的。

另外我们说的是两个人发生争吵、经常吵的感受。比如你在生活里可能经常见到这样的场景：一对夫妻，妻子在房间里走来走去，在找东西，找来找去也找不到。她看到丈夫坐在旁边看报纸，纹丝不动，完全不顾及她已经在房间里转了 100 个圈。她就特别恼火，心想，我都找了这么半天了，这么着急，你居然连问都不问我，一点都不关心我。这个时候其实让她恼火的是丈夫的态度，她感觉自己被忽略了，没有得到应有的关心，但是她说出来的话肯定不是这样的，她会说："哼，这个家里就是有人乱丢东西，害得别人想找什么都找不到。"丈夫一听："你在房间里晃来晃去，我都没说你，你这样阴阳怪气地跟我说话，你什么态度啊？"于是就会故意制造一些事情来表达自己的不满，两个人就发生了争吵。妻子见他这样的反应，更是气不打一处来，你一天到晚什么都不干，这个家都是我在打理，你为这个家操过什么心，做过什么事？

你什么都不干，我说你两句还不行？丈夫就说，我什么都没干？我每天辛苦工作赚钱养家，如果不是我这么拼命赚钱，你能每天安心待在家里，过这样的好日子吗？两个人越吵越厉害，越吵越凶。妻子说，这日子真是没法过了。丈夫说，好，这是你说的，这房子是我买的，你收拾东西走人。妻子一听丈夫这么说，就不干了，放声大哭，开始跟丈夫打，最后可能两个人闹到了要离婚的地步。起因是什么？就是开始找东西找不到了这么一件小事。起点是很小的，但妻子实际想表达的，其实是不满丈夫对自己的冷落，但是最后，她的爆发是因为丈夫说这房子是他的，而她的感受是丈夫把她当成了外人，她感受到了一种排外。所以很多时候两个人在吵架，吵的不是事情，而是态度、是感受，特别是女生，发散性思维，能够通过一丁点的小事联想到一大片。可是男人不会想那么多，他可能在跟你争吵的时候，就是在吵一个事情，而女生吵的往往是感受。所以当争吵已经到了一个度的时候，可能越吵越激烈，女生就应该适当地缓一下，等你情绪稳定了，事情可能也就变得简单了。

恋人也好，夫妻也罢，床头吵架床尾和。

争吵之后，一个拥抱、一个亲吻，或者一次爱爱很重要，关键是你要学会放下架子，放下面子。不管争执时有多少负面情绪，都要学会用有爱的、正面的情绪去引导，让彼此消化掉负面的不好，从而留下甜美的回忆，这样才不会真正伤害到对方，你们的每一次争吵才能为感情增色，让相处更融洽。

情感私房课

世界上总有一些男人，
无法调教

　　经常有人说，好男人不是从天上掉下来的，而是培养出来的，但是要如何培养，是很多女孩都心存的疑问。我想告诉女孩的是，有些男生是可以调教出来的，有些男生是很难调教出来的。比如这个男生在跟你相处的时候，你们是彼此相爱的，相处过程中也没暴露出太多的问题，但是他经常会忘记一些你认为很重要的日子，比如你的生日或者你们有特殊意义的纪念日，并且明知道自己忘记了之后想起来也没有什么表示，这时候女生要怎么办呢？

　　你可以和他约着去做一件他很想做的事情，比如郊游或者其他事，然后放他鸽子说忘了。如果他斥责你，你就可怜巴巴地说：亲爱的，我真的不是故意的。然后继续放他鸽子。如果他还要斥责你，你就提醒他他连生日都忘了给你过，连你们之间非常重要的纪念日都全然不记得，你也没发火啊。男人只要不是傻子，你这样做，他自然知道你的底线在哪里。

　　再比如，男友从来不主动给你买礼物，每次跟他逛街或者逛超市，他都会问你"要这个吗""要那个吗"或者答应给你买东西，结果之后一直逛就是只字不提了。偶尔你也埋怨他，但是他总答应，却没有下文，你又觉得他除了这一点没有其他大毛病，你们还是可以朝着结婚的方向发展的，那要怎么做？

你可以在他说要给你买东西的时候，试着给他正向的反馈，例如"你能送我这个真的是太开心啦，不好意思哦，那我就收下啦"，之后把东西拿上让他结账就好。或者也可以在收银台把他说要买给你的东西递给他说："谢谢你送这个给我，我一直很喜欢的，要不是你送我，我自己都舍不得买呢。"这样讲他就不会不付钱了。

这种时候，想让他改掉身上的毛病，让你们的相处更为舒服融洽，感情浓度更高，是可以用一些小技巧来满足的。但是调教男人是有窗口期的，并不是所有的男人都能调教。

举个例子来说，有一个女孩，她的男友有生理缺陷，就是俗称的阳痿。他出生在小地方，乡下口音很重，他很自卑和介意这些。但是女孩一直都不嫌弃他。因为男生的 MV 要比女孩高很多，收入也比较高，女孩知道如果不是这些缺陷男生可能根本就看不上她。他们相识了一个月，女孩 PU 自动降低、嘴甜、夸奖、崇拜，男生很受用。但是因为男生的情况，他总说自己自卑。他的情商不高，脾气还很大，特别容易动怒。女孩一直忍着或者扮委屈，他改不了。以前男生常常过一小时才回消息，女孩觉得自己被怠慢，于是后撤说配不上他分开了。后来这个男生又追回来，说喜欢这个女孩，叫这个女孩不要怀疑他的心，但是好了两天又开始怠慢了。

我之前总在微问答里对一些女孩说她们不会调教男人，男人对她们怠慢也不知道应该怎么调教。但是我没说的是，不是所有的男人都能调教出来。

打个比方：如果把小动物的左眼用一个不透光的黑布蒙上几年，即使后来摘掉黑布它也看不见了。这是为什么呢？这是因为个体发展会有一个窗口期，在这一时期内，个体对形成一些能力和行为的环境影响特别敏感。如果能顺利度过的话，那么他们的某些能力、品质，以及自我就会构建得非常好，最终内化成品格的一部分。相反，如果这个时期被人为地破坏掉了，那么这些遗失的东西可能一辈子都学不会了。

举个例子：小孩从出生开始就在度过窗口期，从走路开始，说话、吃饭、写字，等等，都是在这期间完成的。如果被破坏，比如出生后就蒙上眼睛，学习走路的时候强迫他始终坐在椅子上或者躺在床上，该学习说话的时候堵住他的耳朵，那么可能某些东西就再也学不会了。这就好像那些狼孩、猪孩，他们因为从小没有和人类在一起生活，在他们的窗口期内他们没有学到人类应有的生活模式，也没有学会人类的语言，所以即使他们后来回到人类社会也没有办法再学会人类的生活模式了。

而这个女孩，她的男友在应该学习如何和女性正常相处的窗口期内，因为种种原因，没有学会这些。所以现在不管他是天生冷漠还是后天如此，又或是他这样怠慢只不过是因为不喜欢这个女孩，无论如何，他现在就是这么样一个人。他不知道该怎么和女孩相处，所以女孩试图调教他的方法是没错，可是他这么多年都是这样过来的，他已经过了学习这些的窗口期，再让他学会是不太可能的了。

学习和异性相处的窗口期就是青春期，这也就是我常说的青春期得到异性怠慢的男人，基本成年后是学不会和（与自己价值匹配的）异性正常相处的。

　　事已至此，等待女孩的结果要么是永永远远接受这样的人，要么是接受不了尽快换人。不是说好男人是调教出来的，所有的男人就都调教得出来，这世上有很多男人，你想改变他，几乎是不可能的。

感情关系从来不是两个人的事，经常会遇到各种各样的竞争对手。很多女孩都非常苦恼，好不容易看中一个目标，结果好几个女生一起拥上来，自己很快就丢了优势地位，成了最不被男神注意的那一个；谈恋爱的时候，自己好不容易培养了一个相亲相爱的男朋友，却经常因为别人挖墙脚而感情岌岌可危；结了婚，老公的事业刚有了起色，就有很多年轻的女孩子扑上来……

我有一个叫小圆的粉丝，就曾遇到过这样的困惑。她说自己和男友已经到了谈婚论嫁的程度，可就在两个人准备领证结婚的时候，却发现男友和他的前女友一直纠缠不清。那女孩因为工作不顺心、经济上不富裕、感情上又不顺遂，得了抑郁症，险些自杀，于是恳请小圆的男友帮忙。她男友狠不下心，就帮那女孩在他们小区不远的地方租了房子，偶尔过去看看。但他跟小圆保证自己跟那女孩绝对是清白的，他只爱小圆一个。可是女人的脑洞是很大的，想到男友总隔三岔五去关心另一个女孩，小圆觉得他们之间一定会有什么问题。再加上那女孩有事没事就会联系她男友，今天灯泡坏了，明天身体出了问题，后天她家养的狗丢了……小圆嫉妒得要死，跟男友大吵大闹，逼着男友做选择，是要她还是要他前女友。结果男友纠结了很久之后，选择了他前女友。

小圆后来跟我诉苦说："那女孩没我长得漂亮，没我工作好能赚钱，男友却因为她选择跟我分手，你说男人是为什么？难道是因为贱吗？"

在感情里，女生都会不自觉地把对方的前任当成感情最大的威胁，所以只要对方的前任一出现，发现他们之间竟然还有某些联系，女生的心态就没那么平和了。很多女生会因此而爆PU，发疯一样嫉妒，总是把对方逼到选择的边缘，但是你的PU越高，就越容易失掉这段感情。前任其实并不可怕，可怕的是你见到他的前任、提到他的前任就情绪失控爆炸。其实每一个前任都不过是对方前一段感情的陪跑者，他们会分开就一定存在着很大的感情问题。只要女生调整好自己的心态，不要因为对方而爆了自己的PU，就一定能够找到有效的方法驱赶对方贼心不死的前任。

在面对前任威胁时，女孩子要首先弄清楚男生的心理。有很多男生会照顾前任，不是因为他对前任余情未了，而是因为他想做好人。男人天生有英雄情结，而前任往往就是利用男生天生同情、保护弱者的心理，再煽动女人嫉妒的熊熊烈火，从而扰乱你们的生活。这时如果你大吵大闹，逼着男友二选一，就中了对方设下的圈套了。

大部分想要回头找前任男友的女生都是这样一种心理：一、转悠了一圈，发现找不到比这个更好的男生，所以想回头再把他找回来；

二、我跟你分开，我还没找到下家呢，你身边居然已经有了其他女生陪伴，这怎么能行？我不服，所以我一定要把你抢回来。这样的女生，一定是做好了充分的心理准备，并且想尽一切办法接近你的男朋友。在这种情况下，男生往往是不设防的，他也想不到对方可能做什么事情的时候都是处心积虑的。而且他很要面子，如果你沉不住气，数落、谩骂或者抓狂，男生都会觉得自己不被尊重，哪怕他心里并没有想跟对方破镜重圆，但被你这么一闹，也许他就真被逼急了，真的想去做选择。一边是河东狮吼，一边柔弱明理，这样一对比，男人的心会倾向于哪一边你可想而知。

在心理学上，有一种罗密欧与朱丽叶效应，讲的是莎士比亚戏剧中经典的爱情故事《罗密欧与朱丽叶》。他们双方家族是世仇，他们的爱情遭遇了重重阻碍，但是压迫并没有使他们分手，反而让他们爱得更深，最后双双殉情。那所谓的罗密欧与朱丽叶效应，就是当出现干扰对方情感关系的外在力量时，双方的情感反而会更强，两个人的关系可能会更加稳固。所以我们经常会听到一个出身寒门的小伙子，爱上了一个富家女孩，两个人走在街上，一下子看对眼了。两个人明知道现实的差距让他们不可能在一起，但是小伙子总是贼心不死，锲而不舍地追求，姑娘被他深深地感动，而就在姑娘动摇的时候，姑娘的爸爸出现了。他身为富甲一方的人物，有钱有势，怎么能允许女儿嫁给一个穷小子，于是各种打压。可是他越是打压，越坚定了女儿偏向于小伙子的心，最后可能两个人就穿过层层阻力，真的在一起了。但是如果没有富商的阻力，可能姑娘心里也是明白的，自己跟着这个穷小子一定不会幸福。但是遇到打压，她的反应会是把父亲当作爱情的敌人，一定会非常坚定地去守护爱情。

这个效应在面对情敌的时候也是成立的。你要让你的目标、你的男朋友觉得你是跟他一伙的，其他的人跟你们是敌对关系，这样其他的姑娘越是想要靠近他，他就会越觉得对方讨厌。但如果你站在了目标的对立面，让男朋友觉得对方跟他才是一起的，你才是他们之间的一个情感阻碍，那么最后的结果，就只能是你把他推向了对方的身边。

那正确的方式应是什么呢？

我们还拿小圆的例子为例，即使你在心里演练了一万遍手撕他前任的场景，也要表现出对他前任很友善的样子，让男友觉得你是非常善良的，全身都散发着圣母的光芒。他前任过来求助，你就当他在帮忙照顾一个流落街头的落魄儿童好了，没必要大发雷霆。而那女生如果一直不停地向你男友求助，记住：一定要跑在男友的前面，以帮忙照顾／担心对方的名义"适时"给对方送去"温暖"。只要她给你男朋友发消息说"我头好疼"，你就给她送药去。让她觉得她跟你男朋友说的所有话最后都会传到你这里，而你又对她特别好，这样的话她就会不忍心来破坏你们，而且也深深地知道，你和男朋友是一心的，是她所破坏不了的。而在你男朋友这里，他会觉得你是一个非常贴心的女朋友，而且这样还可以减少对方跟你男朋友接触的机会。

我认识一个女孩，她在跟男友确定关系不久后，一个一直也很喜欢她男友的女生加她微信，说："我只想知道他跟你在一起过得好不好。"

这女孩因为经常关注我的微博，知道在别人想挖墙脚的时候可以秀秀恩爱，所以就给对方发了一张她和她男朋友特别亲密的照片，可是那女生回了一句说："你男朋友床上功夫不错。"她瞬间气炸了，觉得男朋友跟那女生肯定有一腿，可是这种暗示性很强的话，谁知道到底有没有什么？但如果她因此而跟男友大吵大闹，跑过去质问，那就彻底中了对方的圈套。在这种情况下，我给女孩的建议是，可以在男友面前扮委屈，或者想办法在你男友面前爆她的PU。比如说你可以跟你男朋友讲："你会喜欢那种明知道别人有女朋友了还想去挖墙脚的女生吗？会喜欢那种没事谈论这个男的床上功夫好那个男人床上功夫好的女生吗？"男朋友肯定说，不会啊，这种女生给人感觉特别不好，特别随便。当他说这些的时候，你要学会点到为止。而如果她再跟你男朋友有任何接触，那个时候你再告诉你男朋友说，其实我之前提到的就是她。

需要注意的是，一开始不要把这个女孩的名字说出来，不要让她进入你男朋友的视线里，而是先给你男朋友埋下一个心理上的阴影，一粒种子，让他告诉自己很讨厌这类女生。当这个女生再做出任何不好的事情的时候，再把她给爆出来。

还有一种情况是，你面对的情敌是暗恋你男朋友或者老公多年的他身边关系一直比较好的女性朋友，或者类似于他的红颜知己，这要怎么办呢？可以试着给对方介绍一下男友或老公朋友圈的单身男生，让你男朋友或老公的一个朋友来追求她。这样一来，就算她想跟你男朋友或老公有点什么，那你的另一半也不会再动那个心思了，因为朋友妻不可欺嘛。

男朋友把前女友留给他的东西拿来和我分享

Q 问：

娃娃姐，男朋友把前女友留给他的东西拿来和我分享，是什么样的心态？我该如何处理（主要有前女友的照片、恋爱记录手册，分手时对方寄给他的，他没有丢。和前女友没有联系，他一直说不可能有联系了。但是他想到和前女友分手的原因还是会心里不舒服，原因是父母反对）！

A 答：

从你男朋友的角度讲，他因为父母反对和前女友分手，心中多少会有些不甘。"把前女友留给他的东西拿来和我分享"目的是希望你可以为他提供情绪价值，让他认识到发生这样的事情不全是他的责任。

从你的角度讲，你感觉对方"把前女友留给他的东西拿来和我分享"是不够爱你的表现。但是其实这件事情并没有你想的那么严重，你内心不安的情绪来源于对未知的恐惧，你不知道该如何应对这样的事情。

爆前女友 PU 的方式可以消除掉男友的愧疚感，减轻你内心的压力。

如果是因为前女友父母反对而分手，你可以和男友这样说："亲爱的，你不要再心里不舒服了，是她的父母没有眼光，你都这么优秀了，他们还不满意。不过我觉得之所以会发生这样的事情很有可能是因为她不太喜欢你，平时在她父母面前说过你不好的地方，才会有她的父母没有和你接触过，就直接表态对你不满意的事情发生。你不要太在意这件事情了，我一直觉得你特别特别完美，每次在我爸妈面前都是各种夸你，他们本来对你印象就很好，现在更是觉得找到了乘龙快婿呢。这些过去的事情和评断都只是别人的个人评价，不管别人站不站在你这边，我都会一直站在你这边的。"

如果是因为你男友父母反对而分手，你可以这样和男友说："我觉得爸爸妈妈这样做肯定有他们的道理，可能是他们嘴笨不知道该怎么和你解释，所以才会一味地说你前女友不好，强行让你们分手。不过，我能感觉到你的父母非常爱你，所以既然他们这么做，肯定是为你好。也许他们本能地觉得这个女孩贪图你家钱财，或者他们的经验让他们感觉到这样的女孩以后会出轨。咱们年龄还小，生活阅历少，有些话听老人的还是很保险的。"

情感私房课

　　我的一个好朋友曾问我：娃娃，你有没有遇到过这样的情况，明明自己倾尽全力对一个人好，但是对方却觉得跟你在一起很累；或者说，明明很想好好爱一个人，拼命对他付出，可是对方却毫不在意，一点都不领情。在感情关系里，女孩就好像在做投资，你明明看到别的人只投入了很少的部分，却能获得百倍千倍的收益，可是自己倾尽所有，最后却可能血本无归。女孩秋秋就是这样的情况，男友在认识她之前买了房子，为了还房贷，每天都拼命工作，加班到很晚。秋秋心疼他，正好又赶上他过生日，秋秋就费尽心思想为他准备一份让他终生难忘的礼物。那天早上，秋秋早早出门，买了一千多根蜡烛，在楼下摆成了心形。烛光映衬着小区里柔和的路灯光，家里满满的百合香，放着柔柔的轻音乐，她还亲自下厨为男友做了一顿好饭。可是就在她等着男友回来一同庆祝的时候，满以为会是感动和激情的热吻，没想到等来的却是男友的怒火。

　　"我对他那么好，他凭什么那么对我？"秋秋委屈极了，跟我诉说的时候还一脸的怨气。之后她又罗列了种种为男友付出，却得不到对方的任何回报，她觉得自己痛苦极了，"对方怎么可以这样，难道是渣男吗？"

　　如果你听她罗列的种种，也许会觉得这真是一个好女孩，对男友那么好，对方怎么还会那么对她？但我从她的话里却隐隐听出了不对。

　　很多姑娘在感情里都扮演着付出的角色，而这种付出不是来自外在压力，而是出于自愿。但有时候恰恰是这种为感情的付出感，会成为亲密关系的最大杀手。

　　因为你的付出，其实是在妄图制造对方的内疚感。付出的本质是，当你付出很多的时候，你一定会想办法去要回来，你一定要达到平衡。就好像说，你拼命出汗之后，一定想要喝水一样。这个时候，你会给对方心理压力，这种心理压力是会传递给对方的。付出感特别强的人，总觉得自己在付出，却什么都没有得到，她的整个正能量就会被掏空。而一旦一个人的正能量被掏空，就只剩下了负能量，她就会本能地想办法去排解负能量，方式就是索要，而索要的一种非常明显的形式就是唠叨。

　　打个比方，我们经常听见一句话叫作——为了你。我们以亲子关系为例，很多妈妈经常会说，"要不是为了你，我早就跟你爸离婚了，我要不是为了家，我早就怎样怎样。"

　　这其实是在一直提醒对方：你欠了我的东西。因为她没办法维持自己的收支平衡，她只能一直提醒别人：你欠了我，我早晚会向你要回来的。这个感觉会让对方有负重感，会让对方很难接受，会觉得你给了他很大的压力。

　　另外，女孩付出常常是抱着一种圣母心态，并且还会伴随着一种"清白""无辜"的奇妙心理。她会觉得：你看我付出这么多，所以在这段关系中，我是没有责任的。什么意思呢？就是说：如果这段关系出现了任何问题，责任都不在我，因为我都付出了这么多了，再出问题肯定都是你的错，你就是个罪人。这种付出，妄图保持"清白"和"无辜"的表现，本身就是对责任的一种逃避，很容易导致亲密关系产生很多问题。再打个比方，我们还经常听见一句话叫作——无所求。

这里我要跟大家分享一个经纪人和艺人的故事，两个都是我的朋友。经纪人和艺人的关系本身就比较微妙，并且这一对本身还是生意合伙人。艺人家里很有钱，在大城市有几套房，他就会觉得，像是挣钱不多的小戏小节目，你让我去干吗呢，我不乐意，我不乐意的事我啥都不干。但是经纪人觉得，哪怕收益不高，我们可以从头做起来，扩大影响力。于是两个人之间就有一些分歧和摩擦。艺人想：反正我是把你当哥们儿，钱我可以一分不要都给你，但是你要努力做到最好，比如这个事情你明明可以做到 95 分，你为什么只做 80 分。其实他这是在索取情绪价值。经纪人就会觉得压力很大，跟我说：如果是我自己的事情，我做到 70 分就行了。但是我现在在做他的事情，我尽力给他做到 80 分就已经很累了。我也许能做到 95 分，但是肯定不是常态，我做不了那么多，很痛苦。况且我也不是为了钱才跟他共事，现在这个关系就让我很纠结。

我跟经纪人说："你们俩现在的关系就是不对的，正常人是由两根线连接的，一根叫金钱，另一根叫感情。但是你们两个现在都摆出一副视金钱如粪土的状态，这就不对。"

你现在想的是：我也不是为了钱，虽然你的钱都给我，我也没有动你的钱，出去请客吃饭都还是用的我自己的钱，你的钱都给你存着。他想的是：我的钱都给你了，我照顾你，我只是要求你把事情做好，怎么就不行呢。你们两个的想法都是错误的，因为你们都把钱看得太重了，看得尤其重，所以你们才惧怕去沾到这个事情。

你知道正确的相处模式是什么样的吗？正确的模式应该是：

艺人不高兴的时候会想：这个傻×，我还把他当兄弟，可是他却没把我当兄弟，要不是看在他给我赚了那么多钱，我早就撵他走了。

而经纪人在特别生气的时候，应该心想：这个人真不是东西，要不是看在跟着他收入还挺不错的，我早就走了。

要知道人的感情是很容易恢复的，当你们生气完了之后就会有内疚感，发泄完怒气过段时间一看：他是我那么好的一个兄弟，那时候我怎么能那么想他呢？带着负罪感去进入亲密关系时，就会对彼此更好，负罪感会让感情连接变得更紧密。

你们要能够在金钱和感情两条关系维系线上切换，当一条线出现脆弱的断点时，另一条线还能够维系下去。如果你只有一个金钱或感情的保险连接，那么这个保险丝一跳，关系就完蛋了。

所以我们要给关系上一个双保险。这就是我说的，在两人的亲密关系中，你最好是带轻微的愧疚感和负罪感来生存。

比如说你作为一个主妇，你出去给孩子买东西的时候，顺便给自己做个头发美个甲，回来一看，糟糕，儿子在学校还没接呢。

你有这样的负罪感，中间有这样的间歇，才能更好地把这段关系维系下去。

这个负罪感就是责任感，可是很多女孩表面看起来付出那么多，但其实她们是没有责任感的。她们付出那么多，实际上就是想撇清责任。

另外，付出感过强的女孩，通常会比较缺乏感恩的心，她们很难感恩和知足，自然也很难幸福。给大家分享一个半杯水的故事，也许能对你有一些启发。有一次我做情感咨询的时候遇到了一个女孩，她说自己的男朋友对她很好，给她提供很高的情绪价值。可是这个男人同时还跟其他女人暧昧不清，她感到很不愉快，但是又绝对不肯离开男友。

她跟我倾诉完这个事情之后，我就拿了一个杯子给她，说："你去给我倒半杯水吧。"

她拿回半杯水递给我的时候，我就说："谢谢你，实在太贴心了，我正渴得厉害，不知道可以麻烦谁帮我拿水，还好有你在，太开心了。"然后我接过水一饮而尽。

接着我跟她说："你再拿半杯水过来。"

她再拿半杯水给我的时候，我就板着脸说："第一次倒半杯也就算了，不是说了我特别渴吗，第二次怎么还倒半杯？不会倒一杯吗，让你倒半杯就倒半杯，怎么那么笨，不能有点眼色吗？"女孩立马就觉得自己犯了错误，说："那我再去倒一杯过来。"

我叫住她问："两次的感受是完全不一样的吧？"

"你第一次是什么感受？"她说："就是听完很感动，还想给你倒一杯。"

　　"第二次呢？"她说："觉得一片好心当成驴肝肺。"

　　我说："对，咱们现在别管你男友是什么样的人、做得如何，他能给你的就是这半杯水。如果你离不开，那么你到底幸不幸福，或者说你感受如何，取决于你认为自己应该得到的是什么。

　　"如果你没有期待过这半杯水，没有觉得这个水就是人家天生应该给你的，那么你拿到这半杯水的时候就会很感激，而且对方也会感受到你的这种感恩心，从而想给你更多的水喝。而当你觉得自己应该得到一杯水，却得到半杯水的时候，你被亏欠的感觉就会很厉害。"

　　为什么她得到半杯水不感恩，因为她觉得自己应该得到一杯水，觉得我之前已经付出了很多很多，应该得到一杯水的回报。

　　这种心态的外在表现，就让别人更加不愿意给她，她就会更加觉得被亏欠，她是掉到了一个恶性循环的体系里，从而越来越糟糕，越来越糟糕。但是如果你本来就是有一个很平和的心态，付出不求回报，对待别人给的一分一毫你都格外珍惜，这样每一个人都会愿意为你付出。

　　这种感恩的心态就决定我们在生活中的幸福感。

　　无法改变事实时，我们就要学会改变心态。我们常说要把自己的身段放低，也就是要把自己的期望值放低。别人给你倒半杯水时，先别急着抱怨，先学会感激。

　　举个例子：

　　比如你回家看见老公想尝试拖地，但是因为没有做过，把家里弄得一塌糊涂，还打碎了个花瓶。

这个时候你怎么想呢？

那些"一杯水"女孩就会想：你真是能不能别添乱了，你还能干点啥，你快歇着去吧。于是老公备受打击，越做越少，她们只能自己越做越多，这是一个恶性循环。

那些"没有水"女孩就会想：我老公好好啊，以前从来不做家务的，现在为了我愿意尝试，虽然开始做得不好，但是谁是一下子就会做的呢？没关系，花瓶打碎再买就是了。老公受到这个鼓励，那以后人家自然就做得多。

这就是为什么有的老公婚后就越变越好，有的老公婚前还不错，婚后就一日不如一日。因为期望值和付出感决定了你的感恩心，感恩心会影响对方的行为和心态。

所以聪明的女孩，并不是你一直在感情关系中一味地付出，就能得到你想得到的情绪价值，让他更爱你。付出感有时候会帮助你，为你增进幸福，有时候也会害了你。关键是你怎么平衡自己的心态，怎么聪明地处理你们之间的关系。

为什么不肯和你结婚的男人，转身就娶了别人

Lisa 和男友的三年恋情告终，分手是 Lisa 主动提的，原因是男友不上进，跟他在一起看不到未来。

半年以后，男生交了新女友。就在 Lisa 等着看悲剧重演时，谁知却出现了惊天大逆转——前男友改头换面了：放弃了之前沉溺的游戏，开始积极地工作挣钱。早到晚走拼加班，晒完奖金和业绩，偶尔还会晒晒厨艺和家务——当然，这一切的受益人都是他的新女友。

Lisa 想不通，当初和自己在一起时，那个沉迷游戏、好吃懒做的家伙，为什么突然像变了个人一样呢？特别是当 Lisa 得知他们竟然年底要结婚时，更是气愤又沮丧，于是跑来问我："我真是不明白，他当初那么不上进，为什么现在变得这么有责任感？"

在回答问题之前，我们不妨先想一想：

为什么女人如此重视男人的责任感？

感情和婚姻中的"责任感"，通俗点讲就是"成熟""顾家""有担当"，再深入解释的话就是"男性愿意承担养育的义务，并且承诺对

伴侣忠诚"。因此几乎所有的女性都一致认为，责任感是非常重要的一项男性品质。而越是有责任感的男人，越会遵守婚姻契约、照顾伴侣子女、给女人以安全感。

会不会有的男人天生就没有责任感呢？

答案是否定的。责任感是与生俱来、人人都有的一种品质，因为缺乏责任感的男性的基因早已在漫长进化中被淘汰了。

既然如此，我们回到问题的关键：为什么同一个男人，在面对不同的女人时，表现出的责任感差异如此巨大呢？

其实这和女人本身有很大关系。

我们用个例子来体会下男人的心理。以前有段时期，大家是吃大锅饭、种集体田的，结果收成不好、一起挨饿，因为谁都不肯卖力干活。后来大家转变了策略，开始分田到户，家家都有了自留地，结果自留地却一家比一家种得好。说到底，生物天性趋利避害，因此我们做任何事都会遵从"费力最小原则"。只有付出能换回收获、不付出就会挨饿时，大家才愿意拼命；而如果付出得不到收获，不付出也有饭吃，那为什么不省点力气呢？

这份付出的动力，对男人而言就是"责任感"。

而在男人心中，你到底是他的集体田还是自留地，是激发他的责任感的关键。如果女人能给男人设定一个实行起来不太困难的目标，让男人知道自己的付出和投资很稳妥，并且有丰厚的回报和光明的前途，他自然就会越干越起劲。男人的责任感就会一步步被培养起来。

在感情里，不算困难的目标指什么？那就是女人平时不作易相处，能哄开心易满足。丰厚的回报和光明的前途指什么？那就是女人忠诚可靠，很爱男人，看起来顾家贤惠好生养。有了这些方面的激励，男人的责任感自然就被激发出来了。

听到这里 Lisa 恍然大悟地回忆起：其实男友一开始对她非常好，呵护体贴有求必应。但她总是跟男友念叨想要大钻戒，要在马尔代夫举行婚礼，邀请所有亲友参加，去欧洲度蜜月，等等。而这对刚参加工作不久的男友而言，实在太不现实了。另外 Lisa 也没有表现出对男友绝对的忠诚，有次还因为和男同事暧昧害两人大吵一架。慢慢男友就开始变得越来越冷漠和怠惰。

想到这里，Lisa 终于气消了，觉得自己其实并不冤。她给男友设定了一个超出他自身能力、不可能完成的任务，让他非常有压力；同时又让男友觉得她不可靠，看不到两人的未来，于是索性自暴自弃了。一个男人最初的责任感就是这样被打击，直到慢慢消退的。

相信看到这里，大家应该对男人的责任感有了新的认识。其实想要培养男人的责任感，就要给男人设定一个他能力所及、难度适中的目标，最重要的是，要让他知道完成后会有丰厚的回报。

也许有人会说：我就是这么做的，为什么还是感觉不到他的责任感呢？

那么答案只有一个，就是他不够喜欢你，而他表现出邋遢、不上进、不许诺未来、挑剔你的做派，只是在逼你自动走人。当男人如此怠慢你时，切记一定要走人！如果不离开，就代表了你接受，那么以后的一切痛苦都是自找的。

如何制造不可得性，
让他把你娶回家

在爱情里有一种特别奇怪的现象，就是两个人明明在一起很久了，每天都过着如同夫妻般的同居生活，但男方就是不主动提出结婚。或者女方已经明确提出了想结婚的诉求，男方总是躲闪，就是不肯给女方一个婚姻的承诺。

女孩小雅，跟男朋友在一起8年，每天照顾他起居，俨然已成对方的老婆，但他就是不肯给小雅承诺，每次小雅明示暗示想结婚，他都闪烁其词。在好姐妹的婚礼上，小雅特别用力地抢捧花，周围人都看出了小雅的意思，但她的男朋友就是不表态，任由小雅怎么折腾，他都能把小雅当成透明人。反复折腾了无数次，明示暗示都试过了，男友死活对结婚的事情不松口，气得小雅直抱怨说："难道要我跪下来求婚吗？"

女生跪下来求婚，这显然是不现实的。但为什么你对男友事无巨细地照顾，两个人在同一个屋檐下生活了那么久，他就是迟迟不愿意娶你呢？

因为在婚前同居中，男生已经享受到了婚后的一切便利，他已经拥有了一个厨师、保姆、床友，还不需要付出什么，他怎么还会愿意结婚呢？

如何才能避免自己走入这种困局，让他心甘情愿地把你娶回家？答案就是：制造婚前的不可得性，展现你的高价值。

我要先跟大家分享一个小实验，假设有一个人递给你一个盛装饼干的盒子，里面只有一块饼干，对方请你品尝一下这块饼干的味道。接着，这个人又拿来了另一个饼干盒子，同样请你品尝，但这次这个盒子里面有很多块饼干。同样的饼干，你会觉得它们的味道是相同的吗？

美国夏威夷大学希洛分校的心理学家斯蒂芬·沃切尔曾做过类似的研究，结果显示，人们普遍会觉得从一个几乎要空了的盒子里拿出来的饼干，味道要比从满满的饼干盒子里拿出来的更好。

为什么会出现这样的情况呢？这是因为我们对一件东西的渴望和重视程度，取决于我们得到它的难易程度。装得满满的饼干盒子暗示着饼干的数量充足，相反，几乎快要空了的饼干盒子意味着饼干已经变成了稀缺品。因而人们想拥有它的愿望会变得更强烈。在沃切尔的实验里，这种简单的想法无形中影响了很多参与者对饼干数量多少以及味道如何的判断。这一效应同样也解释了为什么收藏家愿意耗费数百万美元购买限量版的珍藏品，为什么人们愿意收藏一些禁书或者禁片，为什么零售商家可以轻而易举地把为数不多的商品销售一空。那么，这条法则也同样适用于感情，当你变得稀缺，不可得，你的伴侣才更愿意把你娶回家。

那么，怎样变得稀缺不可得呢？

首先，在婚前不要让他彻底得到。这里所说的婚前，是指两个人的婚期确定之前。很多女孩在跟另一半相处了一段时间以后，就答应了对方同居的请求。当然，这种同居很可能是自然而然的，也许是偶尔周末多出来两天假，为了跟男朋友在一起，就住过去了；也许是经过了对方正式的请求；男友病了，为了方便照顾等。很多女孩都会认为，只要两个人同居了，名义上已经成了男方的长择伴侣，自然会得到男方婚姻的承诺。但是婚前同居对男人而言意味着什么？意味着他无须通过法律的认可，无须大摆筵席，无须在大庭广众之下做出承诺，就可以享受到婚后生活的一切福利。长此以往，习惯成自然，男生也就不会再突然心血来潮愿意感恩你的长时间付出，愿意大费周折再许诺你一场婚姻。因为婚姻里他能得到的，现在已经基本得到了，你的爱，你的关怀，你们已经直接从甜甜蜜蜜的谈恋爱小情侣，自然而然地过渡到了老夫老妻的生活。对方对你习以为常，自然对与你之间的点滴小事不会有太多关注，对你的情感投入、时间投入、精力投入和金钱投入都会适当减少，自然不会再去细心地考虑你是否需要一个婚姻。

我有三个认识的女孩，女孩 A 和男朋友交往了一年，从他们开始同居一直到现在，已经半年多过去了，她每天宜家宜室，对男友不离左右，周围只要认识他们的人都说，女孩 A 简直太贤惠了，这样的女孩真该早点娶回家。女孩 B，跟男友交往了有一阵子，但是她跟男友的相处模式是典型的 5+2 模式，就是在一周的 7 天里，2 天腻歪在一起，其余的 5 天各有各的精彩。女孩 C，虽然跟男友同居了一阵子，但是她主动申请了去另一座城市学习，而且一走就要几个月。结果，女孩 B 和女孩 C 的男友都向她们求婚了。女孩 A 的男友，每次听到别人称赞他女朋友，热心地劝导他应该把女孩娶回家的时候，都淡然一笑，该做什么做什么，当这件事情完全没有发生。在《戒律》一书中，作者表达过这样的意思：请记住，你窝在沙发上看租来的影碟时，男人不见得会向你求婚。他们只有在害怕失去你时，才会向你求婚。而两个人在一起过日子，你每天为他准备好精致的早餐，并不能提醒他让他爱你更多。有时候想弄明白他到底爱不爱你，最好的办法就是让他见不到你；想弄明白他在生活里是否离不开你，最好的办法就是暂时从他的生活里撤离。当你每天都在，他是不会想到当有一天你不在了会给他带来什么样的后果的。

所以，两个人即使情到浓时，我也建议女孩子不要婚前同居，或者即使同居了，也不要直接关起门来过起了老夫老妻的日子，而应该彼此给对方一些空间。在相处的时候有间隔，这样见面的时候甜蜜，分开的时候思念，情绪上有变化，张弛有度，才能有意想不到的效果。如果生活已经趋向于一成不变，那么男人还有什么驱动力想要尝试跟你走入婚姻呢？

懂得适当地从对方的生活中撤离，适当地保持距离，才能激发男人想跟你继续生活下去的欲望，才能给他足够的动力让他把你娶回家。在这一点上，古希腊哲学家苏格拉底也曾说过，他在给西奥多塔支着如何吸引男人时提到了："……要等他们求你的时候，才给他们最想要的，这样他们才会更加感激你。你要知道，只有在大家想吃东西的时候，肉才是最香的。如果大家已酒足饭饱，那么即使是最香甜的食物也感觉像是变质了似的。当一个人极度饥饿时，即使是最差劲的东西，他们也会甘之如饴"。同理，当一个男生生活正处在一团糟的时候，你及时出现在他面前，帮他收拾残局，并让他意识到把你娶回去将是一件多么幸福的事情，他对婚姻的向往就会变得非常浓郁，但如果你已经将他的一切都打理好了，他的生活在你的照顾下已经处在了非常不错的状态，再让他为了并不会发生多大变化的生活而要去承担婚姻这么重大的责任，他的原动力一定是缺失的。

其次，即使是两个人同居，生活在一起，也不要坦诚相见。男人天生喜欢神秘，你得一直让他保持对你的新鲜感，如果他觉得你太容易得手了，太没有新鲜感了，就会失去对你的兴趣了。所以在同居的过程中，女孩子要尽量去保留自己的那一份神秘感，要维护自己在家里的形象，因为同居毕竟不同于结婚，你和他毕竟还没有走到婚姻的那一步。

我之前认识的一位女艺术家，她已经五十多岁了，但是她从来都不在先生面前换衣服。不是因为她害羞或者内向，而是因为她觉得男女之间应该留一个很美好的部分，一种暧昧的情愫，就是不让对方这么赤裸裸地看到自己。我们说，结婚后尚且要在对方的心目中留有一丝神秘，同居的时候就更应该注意，因为你的神秘感缺失，你的魅力自然也就流失了。没有哪个男人愿意娶一个完全没有魅力的女人。所以不要总是上厕所不关门，回到家后觉得自己要做家务，就放任自己穿得邋邋遢遢。你能想象一下，一个正处在最好年纪的女孩，却每天把自己打扮得像个老太婆一样。男朋友出去工作，每天在办公室见到的都是光鲜亮丽的美女，回到家看你蓬头垢面的样子，可能他的内心即使曾萌生过想娶你的念头，也会硬生生压回去的。

最后，要展现出自己在婚姻中的不可替代性。你或许是他身边最美的，或许是最懂他的，或者是最能跟他一起奋斗，在他失落的时候能够成为他的避风港，给他及时的安慰和鼓励的。对他来说，你是最特别的，是最不可替代的，自然他会更愿意娶你。举个例子来说，百度李彦宏和他的太太马东敏，李彦宏曾公开说过：太太对他的影响非常大。因为马东敏总是能在李彦宏事业发展的最关键时刻，给予他很好的建议，给予他前行的勇气和力量。在李彦宏的心里，马东敏是不可或缺的，是无可替代的。所以具有大智慧的女人，即使伴侣是优秀的李彦宏，也能让他无法离开自己。

综上所述，女人只有制造婚前的不可得性，才会让男人心甘情愿把你娶回家。

女人"要难得手，易相处"

Q 问：

娃娃，在处理追求者的过程中有个问题想问一下，您说女人"要难得手，易相处"，另外还说"跟你在一起要好好珍惜，但分开了也没关系"，我现在有点搞不清这两种态度怎么把握。别人追我的时候，我表示要好好考虑，这样要维持到什么时候。我现在说"要是恋爱就以结婚为目的"，但对方说"不相处不知道合不合适结婚"，这时候应该怎么办？

A 答：

"难得手"指的是不要过快和男生确立关系，要有一定的追求期，至少 1—2 个月，最好是 3 个月以上，让他好好表现并且为此付出沉没成本；"易相处"指的是两个人一旦确立关系后，要表现得温柔懂事。

简单总结一下，就是：

在追求期间，女生要强调高 MV，哪怕 PU 因此高一点也没关系。

但是当两个人决定在一起后，要保持低 PU（注意婚前不要过低），哪怕 MV 因此而低一点也没关系。

"跟你在一起要好好珍惜，但分开了也没关系"，这是假扮大房模式的招数，适用于轻微高攀的关系。

"要是恋爱就以结婚为目的"，如果他非常喜欢你、愿意宠着你，那么当你这样讲的时候他就会好好答应你。但是这个男生很明显没有被你的 MV 震慑住，所以才会说出"不相处不知道合不合适结婚"这样的话来反攻你。所以你和这个男生也许价值是匹配的，但是你们的感情浓度注定不会特别高。

想要高感情浓度，只能提升 MV。

Ayawawa
情感私房课
如何得到你想要的婚姻与爱情

Part 第 3 章

话术

男神说话术，
收获男神的终极大招

很多女孩问我，娃娃姐，我已经按照你说的从心里把对方当成男神了啊，可是为什么我每次说话，或者我们相处，对方给我的反馈总是不一样的，他完全感受不到我对他的态度。这就是你心中所想与他所以为的所形成的一种反差。在今天，我要跟大家分享的是如何利用男神说话术俘获男神的心。

一般情况下，感情的表达包含六个环节：你所想的——你想说的——你说出口的——他听到的——他理解出的——他以为你想表达的。每一个环节都有信息损耗。所以为什么我会强调女孩子要嘴甜，就是因为在情感的传递过程中，就好像高压电一样，传输的中间是有损耗的，你想的跟他所以为的存在太大的偏差。

举个例子来说，如果一个男人问你，你会不会背叛我啊，如果你非常傲娇地回答"不会吧"，你觉得男生接收到的讯息会是什么呢？如果有其他女人回答说"怎么可能？我喜欢你还来不及呢！"——你觉得男人会投资给谁呢？

取法乎上仅得乎中，取法乎中仅得其下。

所以我建议每个女孩子对爱人表达情绪的时候，都要采用男神说话术。

也许有的女孩会说，对方不是我的男神怎么办？我当然希望每个女生都能找到自己心目中真正的男神作为伴侣，但即使他不是你心目中标准意义上的男神，既然你选择跟他在一起，那么我也建议你把他当作男神来对待。有什么好处呢？

1. 你让男人相信自己是你的男神，这样会大大降低你在他眼中的PU值。

当男人觉得你视他为供养者时，他就会对你有一种本能的不放心，你的PU就会变高。

当男人觉得你视他为情人时，他就比较不担心你会出轨会跑掉，你的PU就会变低。

低PU带来的好处太多了，比如更多的亲职投资、更稳定的感情状态、更高的长择意愿、更高的感情浓度，出轨、婚变、家暴等危险会最大程度地远离你。

2. 把你的男人视为男神，这样你不容易产生怨气，两人的关系会更加和谐。

女人对待供养者，容易嫌弃、抱怨、挑剔、不满，心态是"你给我是应该的，你不给是不对的，我都不嫌弃你跟了你，你竟然还不对我好"。

而对待情人，是无怨无悔、感恩、感动、受宠若惊、感激涕零，心态是"你这么优秀，愿意跟我在一起就已经很好了，竟然还对我这么好，我何德何能，简直无以为报"。

这两种心态下，即使是同一个男人、为你做了同一件事情，所产生的效果和你的心理感受也是大不相同的，哪种更好不言而喻。

3. 如果可以当男神，没有男人愿意当供养者，这就意味着当他是你的男神时，别人插足而入的可能性会大大降低。

反过来，如果他感觉自己被你视为供养者，当出现视他为男神的竞争者时，结果可想而知。

男人会本能地提防自己成为供养者，没有男人不想成为伴侣眼中的"男神"。所以如果他们觉得"她不爱我，只爱我的钱/只想和我结婚"，都会避之不及。

我们每天和伴侣之间有数不清的对话交流，所以单单只是一句一句教大家是不现实的。所谓的"男神说话术"其实是"话术+心术"的综合修炼，下面我讲一些实例，希望大家能领悟精髓，举一反三。

1. 面对男生的许诺，应该怎么答？

有一个叫丹丹的女孩，她曾跟我说，她男朋友经常开空头支票，比如会跟她说：我答应你，等我有时间了，就带你出去旅游一圈。但是很少实现，所以每次当她男朋友向她许诺的时候，她都会一脸不相信地说：少来，你就说得好听，鬼才会相信你呢。等你真这么做了之后再说吧。

这是典型的高 PU 版回复，类似的还有：你每次都这么说，也没见你做过啊；哟，太阳打西边出来了，是不是做了什么对不起我的事？

比高 PU 版回复好一些的是不太走心的普通版回复，这样的女孩会说：好的，谢谢。但是如果用男神说话术应该怎样回应呢？你应该说：真的吗？你是哄我开心的吧？说这句话的时候一定要充满惊喜并做出感恩状，意思是我得到你的承诺是"开心"的。

2. 学会夸奖和肯定对方。

我经常强调的嘴甜崇拜，在这一点上要充分体现. 在之后的课程当中，我也会跟大家细讲应该如何具体地夸奖和肯定男神，才能更好地提供情绪价值。

男神说话术里有几个非常经典的神案例，比如说"孩子就是你给我最好的礼物"。这个一方面是对男人基因的欣赏和认可，另一方面也表现出你对跟他在一起的感恩和知足，PU 低。

"你是我的男神，怎么可以给别人当备胎。"这句话一般是用在面对竞争者的时候，如果有其他的女孩跟你抢一个男生，而这个男生态度又不是很明朗的时候，说这句话是最有效的。因为这句话一方面是爆了对方的 PU，另一方面又表明了他在你这里是男神、是情人，怎么能去给别人当供养者。

"以后还能不能见到你？"这句话是在两个人刚认识但没确定关系之前可以用到的。当女生说出这句话的时候，表达了对对方的感恩、不敢奢求，展现了非常低的 PU。

有些女孩也许会说，我天生就是不会说话，那要怎么办？难道对方就不能接受一个真实的我吗？亲爱的女孩，你知道在婚恋市场上，你需要面对多少竞争者吗？而你知道她们又是如何说话的吗？

有一个女孩，跟一个有妇之夫在一起了，也就是给人当了小三，但是她并不是因为多爱那个男生，只是把他当成了自己的供养者。那个男生明知道不能娶她，他们之间的感情也并没有太多的保障，但还是愿意尽可能供给女孩富足的生活。为什么？因为这个女孩很能通过男神说话术，为男生提供高浓度的情绪价值。比如她经常会在朋友圈这样发消息：

心累的时候，想想有你，我的心就是暖的。

没想到我的男神会陪在我的身边，跟你一起我甘受冷风吹。

你赢，我陪你君临天下；你输，我陪你东山再起。

有些默契无可替代，有你在身边才是最好。

……

她想让男生送她个房子，她是怎么说的呢？这个房子是你送我的礼物，我知道你是因为我才买下它的。我天天都在里面，天天对着这个房子，永远想起你的好，这个是比任何东西对我来说都更有意义的事情。

于是，男生就很开心地送她房子，希望一直待在她身边不回家。

这个例子并不是在认可小三，只是为了说明会聊天的重要性。

如果你的伴侣是一个相对条件比较好的，想想你可能面临多少情敌。而每一个能从别人手里抢走男人的女人，一定都是很懂男人心理、精通男神说话术的心机女孩。所以，你还有什么理由敢不走心，不努力？

感情的浓度是双方共同努力维系的，想要什么样的爱情，就把自己修炼成什么样的女生。想得到男神，就快使用男神说话术吧。

亲密关系中，
怎样才能一直有话聊

　　我相信每一个女孩都渴望和心爱的人亲密无间，无话不谈，但大多数情况下却是事与愿违。两个人明明爱着，很想靠近，很想畅聊，但就是实现不了。而当两个人聊不到一起去，彼此之间的互动越来越少，你会开始怀疑是否还有真实的感情存在。很多女孩问我：为什么男朋友越来越沉默？为什么老公在家里宁愿整天对着电脑、手机，也不愿意跟我多说一句话？要怎么做才能在亲密关系中一直有聊不完的话题？

　　在分享这个话题前，我想先跟大家分享一个小故事。这个故事的主人公是我的一个好朋友，在一次聚会上她跟我说，在谈恋爱之前，她每天下班回家，看到妈妈在家里一边收拾屋子做饭，一边像是跟爸爸汇报似的说：最近过节了，市场里的菜价格都翻了一倍。昨天的黄瓜还是一块二一斤，今天已经涨到两块了。菜市场那家卖肉的，最近都不进新鲜的肉，据说是因为他们家孩子要考学了，两口子都忙着孩子的事，无心生意。可是他们这一忙活自己家里的事情，我们都吃不到新鲜的肉……而她爸，就坐在沙发上看着报纸，一句话也不说，仿佛她妈就是空气一

样。以前看着爸妈的相处模式，我这个朋友心里会觉得特别害怕，总觉得她爸妈之间没有一丝一毫的感情，组合在一起就像是一对强扭的瓜，毫无幸福感可言。等到她开始谈恋爱的年纪，她在心里一遍遍发誓一定要找个灵魂伴侣。她一说去旅行，对方马上就能订好票；她一提张学友，对方就能立刻给她哼唱几句张学友的歌；她说菜价，对方也能附和……可是几年过去了，她也走进了婚姻，生了孩子，开始时跟老公之间的互动很多，两人密不可分，甜到不行，可是现在，她和老公之间也到了她说什么对方鲜少回应的程度。她不禁困惑，是不是所有的婚姻在进入一定时期，都会变得没有话聊，两个即使再相爱的人，进入婚姻以后是不是也很难再找到共同语言。

其实不管是我的这位朋友也好，还是她妈妈也好，面对的情况都不是老公不再爱自己。男方的沉默，有时候不是冷漠，而是因为他对你的话题不感兴趣。你关注的大多是生活中的琐碎、化妆、美容、东家长西家短，最近的菜价是不是涨了，孩子应该上哪家幼儿园了，而他想聊的却是足球、金融、体育、政治。他也许会在你说得兴起的时候应你几句，但是很难完全投入去跟你说个不停。

你说的这些，他没兴趣，不知道应该怎么回应。这是男人沉默时候的心声。话题无法同步，日复一日地你说你的他忙他的，很少能找到情感上的共鸣，就很容易出现越来越不知道应该说什么的局面。

女人的聊天，通常是情绪的传递，是为了维护关系，所以女人往往会比较关注一些女人比较感兴趣的话题。但是男人的聊天，多是理性的，更多是为了展示自我。他们关注的往往是更高层面上的，所以如果你觉得有一段时间已经跟老公不知道应该聊什么，不妨多从他的角度出发，发现和培养一些两个人的共同点。如果对方喜欢历史、军旅，你不妨读一读相对不算太枯燥的历史类的畅销书，耐着性子看看最近流行的纪录片、脱口秀等，长知识的同时也能增加两个人的谈资。如果对方喜欢足球、喜欢美食，就去查查最近有没有比较适合一起看的足球比赛，家附近还有没有尚未开发的美食，这样既能增进情趣，打破了原来生活中柴米油盐的单调，又因为共同经历，会多很多聊天的内容。

在生活中我们经常发现，当问及男生遇到事情的时候为什么不跟自己的老婆说，他们的回答经常是"她不懂"。这句话当中包含了两种情况：一种是可能你是懂的，但是你跟老公平常交流的关于工作、关于他认为的正事太少了，导致他对你的了解不够，以为你的精神世界只限在自己的小圈子里；另一种也可能是女生确实对男生的事情关注不够，比如他的工作，他所从事的行业，他的事业发展所需要面临的大环境，等等。所以当男生遇到各种情况的时候，不愿意跟老婆说，不愿意跟自己的伴侣有更深入的交流。因为即便是跟你说了，你也不明白，可能他还要从头跟你解释其中的每一个元素，每个人都是什么关系，哪里可能遇到更多的问题，而你不懂，就不可能帮上任何忙，跟你说了也许还会让你担心。但是反过来，如果你经常关注他的行业，关注他的事业，对大环境有更多的了解，当他每次遇到问题的时候，你都能明白他的焦虑，猜测到他可能面临的难题，并且能够时不时地帮他出谋划策，让他觉得你是可信任的，是聪明的，是能够在他后面默默支持他并且能够给予帮助的，那我相信很多男生都会愿意去跟自己的妻子交流。很多时候，他不说话，是因为你离他的世界太远。尽管你们每天生活在一个屋檐下，但你给他的感觉是你是肤浅的，你是只关注自己的小世界的，而如果你能改变他对你的这种认知，你们之间的交流就会变得更多。

很多人会以自己忙为借口，有的女生可能忙着做家务、照顾孩子，没有太多的时间照顾老公的情绪。可是男人也需要情绪的发泄口的，也需要妻子的关注。如果当他一次两次向你发出希望得到你更多关心的信号，或者尝试着跟你聊一些他内心的想法，但是你总因为忙，对与他的谈话总是心不在焉，时间长了，他可能也会习惯你的这种处理问题的方式。而等你忙完，再想回过头来找他聊的时候，他的情绪已经压抑回去了。所以女生有时候要做一个细心、懂得倾听的人。当你察觉到老公的情绪不太对，或者他已经向你发出了想要聊一聊的信号时，一定要试着放下手里正在忙的家务，把孩子安抚好先放在一边，静静地听他把话说完，然后深入地跟他聊一聊。男生有时候也是很敏感的，也需要你给他提供心理上的安全感，给予更多的关爱。但是他们不会表达，说自己就是需要"爱"、需要"安全感"，因为在他们的意识里，这种表现是非常弱的，所以当他们遇到事情的时候，会习惯性地把情绪藏起来，不谈爱、不谈安全感，但不代表不需要。女人的情绪，可以很快被人察觉，但是男生因为很少开口表达自己的情绪，所以经常被忽略。等你意识到问题的时候，可能已经很难再挽回了。所以不要等到他开口说出问题的严重性，才意识到你们之间存在的问题。多学会倾听，适当地关心一下他的工作和情绪，让他对你产生依赖感，自然他有事情的时候愿意跟你说。而你如果跟他的聊天一直是有内容的，能够引起他兴趣的，他自然也会愿意跟你畅聊。

另外，跟伴侣交流，也要注意时间。一般来说，男人会分成上班模式和下班模式。上班模式是从上班前的半小时开始，他的头脑当中可能就已经在整理一天将要开始的工作内容，如果在这个时候你拼命地想要跟他聊一些别的、不太相关的事情，他的注意力没在你这里，对你的谈话当然是能不回复自然就不回复；下班后的一小时内，已经在单位里累了一天，回到家里需要短暂的休息，如果这个时候你在他耳边喋喋不休，一来他可能还没从工作内容当中走出来，二来他可能确实想休息、想清净，你跟他说什么，他自然也是兴趣缺乏。

最后要提醒所有女孩的是，在移动互联网时代，人们对手机的依赖度越来越高，很多情侣虽然每天在一起相处，但是低头看手机的时间远远大于两个人一起做事情交流的时间。有人形容因为手机的影响，夫妻已经快发展成了"最熟悉的陌生人"。所以要想维系感情浓度，快放下手机，跟你的另一半多说说话吧。

伴侣之间少不了要说情话，但是情话要如何巧说，才能说进对方的心坎里呢？我经常建议女孩子要嘴甜，恰如其分地表达对男性的崇拜，这是为什么？这是因为情感的传递就好像高压电一样，从你所想的，到你想说的，到你说出口的，再到他听到的，他所理解出来的，中间是有耗损的。很多人都会遇到这样的情况，明明你说的和你想表达的是这个意思，但是到了对方那里，就理解成了另外一个意思。举个例子来说：你跟伴侣刚刚发生过争吵，你很不想再吵下去，就说了一句：行了，就这样吧，别吵了。你的意思可能是想这件事情从此就告一段落，咱们翻篇，说点别的，可以聊点开心的事情。可是他可能就会理解成这并不是你想结束争吵的信号，而是冷战的开始。为什么会出现这样两个意思的偏差，就是因为在情感传递过程中，是有误差和折损的。所以你说出来的话，如果情感浓度达到了50%，那么传递给对方的往往只有30%，如果你的话情感浓度到了80%，可能对方感受到的才有60%。而如果你嘴甜，懂得如何说情话，即使是在情感传输过程中有折损，对方还是能够感受到你浓浓的爱意的。

第一个说话技巧，那就是要把握时机，在对的时间，说对的话。

有些女孩可能会说，情话是什么，情话不就是"我爱你""我喜欢你"之类的话吗？如果你是这样想，那我要恭喜你，你领悟到了情话的精髓。因为我们所说的所有的情话，都是为了表达情感，你跟对方说得再多，最后传递出来的意思都会归结为"我喜欢你""我爱你"。但我也要提醒女孩的是，像"我爱你""我喜欢你"这样直白的情话不能说太多。因为就好像你特别喜欢吃一种食物，但如果让你上顿吃下顿吃，一日三餐不换样，是不是也会腻啊？吃到最后可能见到这种食物都想吐。情感表达也是一样的，如果你只懂得用"我喜欢你""我爱你"这样的话来表达对对方的爱意，那么第一次说也许对方会很感动，第二次可能感觉就没那么强烈了，如果两三天就能听到一次，或者一天听过几遍，那是不是就变成了一件很可怕的事情？对方会感到特别大的压力或者觉得腻烦。而且如果两个人在恋爱的初期，像"我爱你""我喜欢你"这样的话是不适合说的。因为你只有让对方知道，在你这里，"我爱你"是一句特别珍贵的话，轻易不会对别人说出口，他才会觉得你很稀缺。等你最终说出这句话的时候，他才会觉得非常满足，因为他经历了一段追求的忐忑，体会到了征服的快感，而男人往往就是越得不到的越想要。但是如果你跟他认识没多久，就说"爱"和"喜欢"这样的字眼，对方会觉得太容易得到，就会失去征服的快感，从而容易对你缺乏兴趣，好不容易产生的爱火也可能在瞬间熄灭。这其实点出了如何巧妙说情话的第一个技巧，那就是要把握时机，在对的时间，说对的话。

那第二个技巧，就是要采用男神说话术，让你的情话更动听。

之前曾听过一句话，不是因为你的情话动听，我才爱你，而是因为我爱你，所以才觉得你说的每一句话都动听。大家可以揣摩一下这句话的意思，在情感关系里，其实是"情话未说，情感先行"，你的话里是饱含情感的，所以才会把话说得动听、动人。这就要求女孩要把对方当成男神，也就是当成情人，而不是供养者。在前面的内容里，我曾跟大家介绍过，情人主要提供给女人的是情绪价值和繁衍价值，就是我们所说的 the one、soulmate、真爱、浪子，那些能给女人一见钟情、相见恨晚、心动不已、无法自拔等感觉的男人。可能你没有找到一个十全十美的真正意义上的男神，但是你要从心理上把他当成你的男神。因为女人在供养者模式和男神模式下的表现和态度是完全不同的。

在供养者模式下，你总觉得他哪里做错了。你会很容易霸道强势、嫌弃挑剔、随心所欲、予取予求，对他招之即来挥之即去，不断考验他，随时可能离开他。这个时候你是说不出来更多的情话的，即使说出来也是违心的，对方很容易就能感知出来。

而如果是在男神模式下，你会变得温柔可爱、小鸟依人、体贴谦虚、善解人意，对他百依百顺，所以你的话里会自动包含更多的情感，会充满了爱意。我们经常说，你跟对方沟通的时候，对方往往最先感知的是你的情绪，而不是在听你说的内容。所以当你的情感里饱含爱意，你的话语里才能传递出更多的爱意，对方才能听出你对他的爱。而如果你的情绪里更多的是挑剔和不满，那么即使再动人的情话，也会变了味道，与其口是心非地表达，还不如不说。

　　第三个技巧，可以通过类比，表达爱意。

　　这种类比，可以分成相似和相反两种。举个例子来说，你在商场里买了一个包包，这个包虽然是打折款，比平时便宜了很多，但是它的质量并不比其他名牌包质量差，甚至更好，你是不是会很开心？这种是相似类比，"我爱××，但我更爱你"。比如，你喜欢哪一位明星，鹿晗或者李易峰，那你可以对伴侣说，在我的心里，鹿晗太重要了，几乎没有人能超过他在我心目中的位置，除了你之外。还有一种，是相反的类比，"我不爱××，但如果有你陪我就好了"。举个例子来说，我每天都不想上班，很希望每天都能待在家里，但如果你坐在我工位的对面，我肯定每天都会按时打卡。电视剧《何以笙箫默》很多人可能都看过，女主角赵默笙在操场上跑步，何以琛拿着手表计时。赵默笙并不是一个喜欢跑步的人，而且她跑步的成绩越练越差，但是她当时说了一句话，堪称情话当中的经典，她说，要不把你照片挂在我前面，我肯定跑得特别快。通过生活当中的情景小对比，会更凸显对方在你心目当中的分量，这样的情话要比直接说"我爱你"更让人受用。

　　还有一点是要注意说情话的细节，以及内容。

　　之前网上疯传这么一句触动人心的情话：

　　那时候爱上一个人不是因为你有车有房，而是那天下午阳光很好，你穿了一件白衬衫。

　　这句话之所以能被大家热捧，就是因为里面有一个细节"你穿了一件白衬衫"。别小看了细节的作用，这会让对方觉得你更关注与他相处的细节，会觉得你的情话是更认真而且是发自内心的。比如，你可以说，"那天我下班很晚，你虽然下班已经很累了，但还是出来接我，看到你的那一刻，我觉得我所有的疲惫都消失了。""下雨的时候，你总是把伞倾斜到我这边，自己的肩膀都淋湿了也全然不管不顾，那一刻我觉得你是这世上最好的人，有你在身边的时候，我觉得特别温暖。"这样的话一方面会让他知道你是记得与他相处的很多细节的，你对于你们之间的关系特别用心，而且他对你的付出你也是看在眼里的。

很多女生都爱拍照，比如看到什么好吃的好玩的都会拍下来在朋友圈分享一下。同样，你看到特别好吃的好玩的东西，也可以拍下来发给对方说，好想跟你分享啊，下次我们一起来吧。或者看到一个很特别的景物，拍下来传给他说，这是一个特别的 ××。然后话锋一转说，你在我心里是特别的人。这样既给你的生活增添了几分情趣，也能促进你们之间的感情。

可能也有很多女生会觉得，跟伴侣在一起已经很久了，推心置腹有什么说什么反而更亲密，但是如果你的情话总是以消极、否定或大煞风景的话开头的，那么对方的心里肯定是不舒服的。情话最忌"审判"，这会让对方觉得很有压力，也忌讳一直不停地抱怨工作，说别人的家长里短，这些都只会让对方不胜其烦，觉得在受一场精神折磨。很多女生习惯了在很多很多抱怨或者批判之后，说一句特别贴心的情话，觉得这应该就是打一个巴掌给一个甜枣，这个甜枣是不是会更甜。但是你前面的情绪已经让两个人的对话陷入了僵持或者冰冷的氛围里，对方感受到的全是负面信息，即使你在众多的话语中藏了几句"彩蛋"，对方也听不出那是情话。

谈到如何经营爱情和婚姻，很多人尤其是女生首先会想到的是"多沟通"，把心里的想法和感受全部说出来，这样会有益于两人的感情。但是，大多数男生其实并不适用于这个方法，如果被女生郑重其事地约谈，他们会感到恐慌，有时候我们越是努力沟通，却越有可能让矛盾加剧，那怎么办呢？

沟通在一段两性关系里其实是必不可少的，只不过男人和女人对于沟通的定义是不同的，所以我们首先要理解：

男女思维方式的差异是什么？

男人的思维特点是线型的，而女人是发散式的。这种思维上的差异，导致男人和女人的处事方法和生活习惯有很大的不同，沟通的障碍往往就是这样产生的。

相信很多女生都会遇到这样的事情，当男生在工作、看球赛、玩游戏的时候，你和他说话他总是不理不睬，或者随口"嗯""啊""知道啦"这样回答，许多女生会觉得自己被冷落了，有些女生甚至觉得对方不在乎自己而和男生理论，往往就会产生感情矛盾。其实不是男生假装听不到你的话，而是他真的听不到，因为在同一个时间里，女人可以做很多事情，她可以一边整理家务，一边聊天，还能念着工作上的事。男人就不行，他在做一件事情的时候往往是全神贯注的，会忽视其他事情的发生。

所以，如果男生正在专注于自己的事情，而你又有很重要的事情需要对他说的时候，你就要用男人的思维方式来向他表达，告诉他你有什么样的事情。比如你站在他的面前认真地说："亲爱的，我现在有一件很重要的事情要对你说，只需要耽搁你五分钟。"你告诉他谈论事情需要多长时间，让他有一个心理预期，知道什么时候会结束，他自然而然就会放下眼前的事情，和你交流。

因为思维方式的不同，男人和女人的沟通目的也不同：

女生希望通过交谈表达感受，将交谈看成"分享行为"，希望借此释放负面情绪，加强亲密感；而男人在沟通中往往目标十分明确，谈话是为了解决某个问题，或传达一定的信息。我们女生需要理解和体谅这一点，才能减少沟通上的矛盾。

我有个女粉丝，她是个职场女性，有天下班回家后向男朋友抱怨："某某真是太过分了，干活时偷懒，见了领导邀功！那个项目明明是我推动的……"她男朋友听到后立即说："那你应该直接反驳他啊！并且及时向领导汇报进程，职场都是这样残酷的！你的利益需要你自己去维护。"女生觉得很委屈，她对我说，她当时说这些只是想让男朋友安慰

一下，没想到男朋友说的话听起来更像是在责怪她。女生当时有了情绪，于是很生气地对男朋友说："你到底向着谁说话啊？"她男朋友听到她这样说也生气了，两人就吵了起来，最后不欢而散，冷战了很久。

像这种情况在现实生活里有很多，男人为什么会这样说呢？因为男人习惯把复杂事情变简单，觉得这样才是解决问题的根本方法，所以他们的反应常常是"我来尽我所能地帮助你解决问题"，而不是"帮你消解不良情绪"。

那么，女生该用什么方式去和男生沟通呢？

首先，我们要知道，两个人沟通的方式不限于说话，还可以是肢体接触或者直接用行动来表达。

在生活中，我们对爱的表现方式不是唯一的，譬如男人多半都是行动型的，他们普遍会采用的方式是：赚很多的钱，给你买所有你想买的东西，给你最优越的生活。在男人看来，这就是有责任感的表现，因为我爱你，所以想要给你最好的生活。用到沟通方面也一样，说话是一种沟通方式，肢体的表现譬如拥抱、亲吻也是一种沟通方式。所以，两个人在一起，你需要用心地观察他是什么表达方式，以哪一种为主。如果对方的沟通方式是以肢体为主，那么你对他说是没用的，你需要按照他的表达方式去给予回应，他才能接受。

比如，你的爱人很喜欢身体接触，但是你是喜欢用嘴巴说的人。你每天都在说我爱你，但是每天都不愿意碰他，那他是完全感受不到你是爱他的。你可能会觉得很委屈——"我已经说了那么多，我的心意那么明了，你怎么还这样啊？"是的，因为他没有接收到，你做的这些只会让他觉得你唠叨，而他又不能明确地说出来，久而久之，这种沟通只会伤害彼此的感情。

其次，一定要嘴甜，说话的语气要软，要学会示弱、撒娇。

我有个朋友是个强势的女强人，她的择偶标准是要找一个比她更强的老公，因为她觉得这样的男人才配得上她。后来她找到了一位心仪的男朋友，对方是一名海归，留学多年而且工作能力非常强，两人对待工作的态度也非常相近，话题也说之不尽，都认为彼此是合适的终身伴侣，随后两人走进了婚姻的殿堂。结婚一年后，她却说和老公相处得很难受，两人的价值观都相似，为何会如此呢？

问及原因，原来是两人都太强势了，谈论工作的事情时还好，可是在日常生活中，她的老公特别大男子主义，老觉得我这个朋友什么事情都做不好，希望大事小事都由他自己决定。而我这个朋友也强势惯了，不愿意服软，所以两个人常常发生争执。

其实像我朋友遇到的情况，如果她能换个角度来看，就会发现她老公的做法只是一种有保护欲的表现。这个时候只要嘴甜一点就可以解决了，与其和大男子主义的老公争吵，否定他的做法，不如多说几句夸赞他的话，甚至还可以感谢他为你做了这么多，以此满足他的保护欲。这个时候你再撒娇说："你这样做会让人家感觉不自由啦。"这样讲话对方才会愿意听你的。

还有，不要贬低男人，尤其是涉及男人视为自尊象征的东西，比如金钱、事业、性能力。

首先来看一个例子：

女生和男朋友去旅游，经过一个免税店时女生特意对男朋友说："刚才在免税店看到一个新款手袋，下了半天决心也没舍得买。"

男朋友说："想买你干吗不买呢？"

女生接着说："喂，我们一个月挣多少钱啊？日子可不能那么过！"

男朋友马上黑着脸说："你是不是觉得和我在一起很委屈啊？"

女生看到男朋友生气了，马上解释着说："我……我只是觉得委屈。比我人老珠黄的女人还每天都换手提包呢？我买个手袋都要反复琢磨。"

最后男朋友一脸不悦地说："那你去找能给你这些的人吧。"

听上去觉得很荒诞？其实我相信在现实生活里不会少见，很多女生根本没有意识到这一点，她们这样讲本意是想让男人知道"我很会持家，我很棒吧"，但这样的话在男人听来往往就很刺耳，因为他们最怕女人说自己不行，自己比不上别人，他们的致命伤在于"就算我没有很多钱，也不要这样提醒我，我也是有自尊的！"因为在很多时候，钱被男人视为自尊的象征。与此同时，男人的软肋又是"能不能给爱人带来她想要的生活"，所以当他们听到类似有关的"别人如何如何"的语言，心思简单的男人会觉得自己留不住爱人，继而自己主动选择离开。

综上所述，女生在和男人谈到"钱"的话题时需要注意一些，你想表现自己节俭持家，提到点到就好，不要轻易地将他和别的男人做比较。以上述对话为例，女生假如在男朋友问"干吗不买"时说："因为我知道你肯定会让我买，而我知道你有这份心意就够了。"是不是就显得你既勤俭持家又温柔体贴为他着想呢?

最后，你要做一个更好的倾听者。

对男生而言,他们特别喜欢对女朋友讲自己的工作与一些特别爱好,尤其是工作，每天都兴致勃勃地跟女朋友描述追求那些东西的快乐。因为他们觉得把自己的理想抱负说出来，女生就会对他们产生兴趣并仰慕他们，男生这种表达方式是不由自主由内而发的。可是这些东西假如你恰好都不懂，并且觉得很无聊，怎么办?

你可以装着听懂了，我有一个朋友，她的老公是一个狂热的足球迷，有一次周末我到她家做客，夫妻两人都在家。吃过晚饭后，电视上正播着足球新闻，她老公看得入迷，随口就对她说西甲哪支球队积了几分，我朋友听得兴致勃勃，在旁边带着笑意回应，虽然她每次回答老公都是"嗯""是呀"，但夫妻俩给人的感觉十分温馨。当我告辞时朋友送我出门，我问朋友说："你什么时候也喜欢上足球了?"我朋友对我说："其实对于足球我懂得也不多，我只是愿意耐心地听我老公讲，他讲得开心我们自然相处得融洽。"

有时男生的兴趣爱好并不是你喜欢的，甚至你还觉得无聊，但你只需要提供一个男友可以发挥的平台，让他觉得说出自己的喜好并没有障碍，这样他会觉得你能接受他喜欢的东西。同时你适当地哄一哄你的男友，让他觉得跟你有一个互动，你能理解他，这样会对你们之间的感情有一个很好的促进作用。

Ayawawa
情感私房课

我有个朋友叫Candice，今年30岁，在一家外资企业供职，长得不错，事业又好。

在外人看来，她应该不乏男孩子追求才对，可实际上，追求Candice的男孩子真的很少，就连相亲对象也多数是约见两面就没有了下文。

眼看着好多条件不如Candice的女孩子都感情甜蜜顺利，如果你不认识Candice的话，一定会感觉奇怪又替她惋惜；可如果见到她，你就知道为什么了。

因为Candice是一个有着不受欢迎的情场说话习惯的女孩。

Candice当年高分考入北京，在老家很是风光了一阵；毕业后因为年轻有才又踏实上进，很快就在单位发展成了小领导一个。步步顺遂又职场得意，久而久之，说话的口吻就难免有着几分谨慎又略带距离的态度。

比如，她经常会当面评价别人说："平心而论，你这个人还不错。"谈及某件事情时她会说："总的来说是件好事。"肯定下属的时候她会说："其实你做事还是可以的。"当她非常欣赏你的说法的时候，她会说："你说的也有一定的道理。"

哪怕是对方帮了她一个大忙，当她要感谢对方的时候，话说出口也变成了："无论如何，还是很感谢你。"

其实 Candice 的这种说话方式严谨细致，处处有活口，进可攻退可守，在职场是非常受用的，一直很给力地保护着她。

比如大 Boss 来视察，问到 Candice 的工作进度，她回答："目前这个项目进展很顺利，在第二名的位置上，接下来我们也会持续努力，争取一直保持在当前状态或者更进一步。"这时候，谨慎的说话方式比同事 Mary 拍胸脯打包票说"绝对不会有问题"更为讨人喜欢。

但职场受欢迎的说话方式，却并不一定适合情场。

当 Candice 对相亲对象也沿用同样的说话方式时，问题就出现了。

当男生问："你觉得我这个人怎么样？"虽然 Candice 想表达："你是个非常优秀的男生，我很欣赏你。"但实际上出口的话却是："你这个人总的来说还可以。"这在男生耳朵里不过是一句客套话，且他接收到的信息是：这个女孩并不喜欢我，她可能只是碍于介绍人的面子，不忍心泼我冷水罢了。

当男生问："你觉得我们俩合适不？"Candice 心里想说的是："到目前为止，很少遇到和我这么三观合拍的男生呢。"但话到口边，却变成了："这个不好说吧，我觉得还得再观察观察。"

Candice 的说话习惯总是保守、谨慎、留有余地、有待观察的。这种同时暗含肯定和否定双重效果的句子，在职场上可能是一种低调内敛的鼓励，在情场上却会让对方不安，因为在情场上，人们的意识总是更易接收到悲观和负面的情绪。同样一句话"这还好吧"，在职场和情场，传递的是两种完全不同的信息。

虽说因为择偶是我们人生中最大的投资，在恋爱前期保持谨慎会更有利于自己的投资不打水漂，但在双方都悲观保守的情况下，两个人就很难走到一起。

听到这里，Candice 恍然大悟。她问："那么，在情场上如何说话才会取胜呢？"

男生喜欢对他星星眼的女生，远远超过对他略微欣赏的女生。但对职业女性而言，你的语言习惯已经很难彻底改变了，所以我建议你从以下三个方面入手：

1. 时刻牢记，在情场，话只说半句，不要提及对方无法改变的缺陷，只提及那些可能改变的部分。比如你觉得男生条件很好就是不够帅，而且现在也看不出诚心与否。那就告诉介绍人："我觉得他条件太好了，不见得对我认真。"介绍人会把话传递给男方，如果男方对你有兴趣，他就会对你加大情绪投资和物质投资。这个时候你再来权衡他对你的投入度，是否足以冲抵他"不够帅"这个缺陷。

2. 所有的正面情绪，都要比你惯常的说话方式加重 20%。当你觉得他"不太好"，你传递的信息是"还算好"；当你觉得他"还算好"，你传递的信息是"很不错"；当你觉得他"很不错"，你传递的信息是

"特优秀"。当对方得到正面的肯定，也会对你有正向的反馈。这个时候，你可以再来考量是否需要继续。

3. 不要过快地否定或拒绝对方。女生的择偶期短暂，而男生的择偶期较长，当你和他花费同样时间在一段关系中的时候，其实你已经给予了对方最大的肯定。所以吸引男方为你做出进一步投资，这是对对方的一种尊重。女生是慢热型的，不要因为现在还没有喜欢上对方，看到对方喜欢自己就赶紧拒绝，不忍耽误对方时间，因为你不知道未来会不会喜欢上对方。

不是所有的感情都能甜甜蜜蜜。

如果两个人的关系走到了尽头，如何巧妙地说分手，也是一门大学问。

先要提醒大家的是，有一些女孩，在感情遇到不顺心的时候经常赌气说分手，但是对方哄一哄就会好。如果你是热衷于假分手的人，可能在正式跟对方提出分手的时候会遇到一些麻烦，因为对方可能觉得你不过是要耍小性子，过一段时间就好了，所以即使你很认真地在谈分手，对方说好好好，我们分手。你以为这段关系已经完结了，可是对方的心理认知是你不过是在跟他闹，你们的关系还没有走向完结。所以真正的分手，是要让对方从心理上认可你们的关系结束。女孩子不要没事就跟对方"假分手"，一来当你们还在恋爱期的时候，对两个人的关系是一种损伤，二来如果真的走到了要分手的边缘，也会给自己制造很多麻烦。

那么女孩子如何才能聪明地分手？其实我们所说的聪明的分手方式就是尽量减少对对方的伤害，尽量让对方不怎么疼，为自己减少麻烦，不要引发报复。

　　我记得之前听过一首歌《分手总是在雨天》，这个词作者就很懂情感心理学。因为心理学上有这样一种观念，如果你在非常感伤的下着阴雨的天气说分手，对方答应的可能性会更大。因为天气的影响，很多人看到的东西更为消极，会很容易放手，而不会那么固执地想要抓住。所以巧借天气等可能会促成对方接受的情绪渲染，是非常艺术的分手方式。

　　在生活里，有很多男生，跟对方在一起往往就是头脑一热，说完喜欢这个女孩之后，女孩答应了跟他在一起，他就会开始慢慢回想这个爱是理性的还是非理性的。我在地面培训的时候，有一个男生跟我说，他一个月前犯了一个错误，跟一个女孩子表白了。可是确定关系以后，深入地相处，才发现他们非常话不投机，性格上也不合适，就想分手，不知道应该怎么说。这种情况下，这个男生确实是很难处理分手的，因为女孩子的自尊心会受到很大的伤害。说得不好，女孩子会想，你看看，你跟我交往才一个月，这么快就对我没感情了，一定会觉得这个男生人品有问题，故意对她造成伤害。那么这个男生要怎么说呢？应该把自己和对方的客观障碍讲清楚。比如说，我对你并不是没有感情，也不是没有爱的感觉，只不过我们之间存在太大的问题了。一旦我们结婚了，这些问题要怎么解决？这些都是将来对我们婚姻生活有损害的客观因素。男生如果能客观地、理性地、清楚地、明白地把这些道理跟女生说，就会减少很多对女生的伤害，同时女生在情绪过后，她是能理解的。女生最接受不了的是什么？男生当着她的面说，我一点都不喜欢你了，一点都不爱你，我之前的选择是错的。那女生就只能把这个男生定位成人渣，因为他让她承受了莫大的痛苦。你把客观的条件和问题讲清楚，对女生来说，虽然难过，但会接受，至少觉得尽管我们要分手了，但你是懂得替我想的，替我考虑的，而不是只想到了你自己。

同样，女性跟男性说分手的时候，也要尽可能顾及男性的自尊。切记避免说一些钱财或者他身体上的原因，因为那些最伤男性的自尊心和颜面，你最好绕开，更多地强调客观——你们个性上无法融合的东西，把这些摆明来讲，对对方是一种慰藉。至少你是理性的，你是为两个人的未来做过考虑的，你是出于对你们将来的婚姻做考虑，才发现了两个人的不合适。这些客观的难题，会比较容易让对方妥协。而如果你的理由是针对他没车没房没钱、身体上的缺陷等，很容易会引起对方的报复。

比如说一对年轻的情侣，他们谈恋爱相处了一段时间以后，女孩子觉得不太合适，就想要分手。她觉得，反正这段感情我已经不想要了，所以当这个男生问她为什么要分手的时候，这个男生的好与不好，全部带有攻击性的话，她都说出来了，给这个男生造成了很大的伤害。

几年以后，男生发迹了，事业上大有成就，社会地位也不可同日而语，这时候他找到了女孩，开始疯狂地追求她。女孩这时候是有男朋友的，但是生活上各种不顺心，而且又面对着一个比自己男朋友优秀很多的前男友，她经不住这个男生的热烈追求，跟他在一起了。可是，就在女孩满心欢喜准备嫁给他的时候，男生提出了分手，说我再把你追回来，就是为了甩掉你，为我当年所受的屈辱出一口气。

当然，男生对女生的报复不一定非要用把你追回来再甩掉的方式，他可能会到处诋毁你，败坏你的名誉，也可能会做出更过激的事情，我们经常会看到因分手而被前男友殴打、报复的新闻，这些并不是危言耸听。所以"我从来没有爱过你""我当初会选择你就是我瞎了眼""你跟另一个男人根本就没办法比，我更爱他，而不想选择你"……这样过分的话，一定不要说出口，男生都是爱面子的动物，他们的尊严是不允许别人去挑战的，所以女生尽量不要去触碰他们的敏感区，给自己找麻烦。有些女孩在分手的时候，不愿意面对对方更多的纠缠，所以不停地放狠话，可是你的狠话很容易诱导他做狠事。所以要注意分手的措辞，话说出去之前一定要三思。

经常有女生会问，为什么向我提出分手后，男生还会说"你以后遇到什么难题和困惑，都可以随时找我，我一样会帮你的""以后我们还可以做朋友"这样的话？男生说这样的话，就是为了安慰女生那颗受了伤的心。但是很多女生从此就抱着一份希望，以为虽然分手了，但还没有完全失去他。

我给女孩的建议是，分手之后不要跟对方做朋友，除非你觉得你们之间还有感情，你通过二次吸引还能跟他有复合的余地。否则曾经如胶似漆的男人总以朋友的身份出现在你面前，如果你单身，他会影响到你的异性缘，会给别人一种你还没有跟前男友分彻底的印象，或者觉得你们还没有彻底分手。如果你再结交男朋友或者结婚了，曾经的男友还经常出现在你面前，那么你的现任男友和老公会怎么想？

在分手后，女性最好选择结束一段感情的同时也结束掉跟这个人的关系。这样做是对你也是对你以后感情和婚姻关系的一种保护。因为女性很容易触景生情，如果前任经常出现在你面前，很容易会勾起你对曾经的回忆。而时间往往会过滤掉很多不好的东西，留下好的东西，时间长了你可能会以为自己还爱着他，而他对你的感情早就已经变了。而且女性对于伴侣以前的情感关系，容忍度相对高一些，男性对他的女朋友或者太太之前的情感关系容忍度是非常低的。也就是如果伴侣的前任还一直跟她有特别说不清的往来，他会觉得是在挑战他男性的尊严，所以他的精神总是紧绷着的，因为时刻要处于备战状态。

所以女孩如果要觉得你们的关系已经走不下去了，那么最好就彻底结束掉，不要再相信"分手了还能再做朋友"的鬼话。

拒绝的艺术

第一个故事：

我刚结婚那会儿，某天一个不知情的追求者打来电话约我，我当着老公的面大方接听，然后礼貌回绝了。

挂断电话时我眼角余光看到老公很明显地松了一口气，于是我侧头看着他说："亲爱的，遇到这种情况，你是希望我告诉他'对不起，我有老公了'，还是希望我像刚才那样说'对不起，我有老公了，但是就算没有，我也不会喜欢你'？"

老公飞快地回答："那当然是后者。"

我说："好，那以后如果有女人向你表白，我希望你也这么回答。"

老公想了下，说："成交。"

我笑着说："来，我们排练一下，"然后我很嗲地用假音说，"王总，有件事情不知道该说不该说，我想告诉你，我喜欢你很久了。"

只见老公认认真真地回答："对不起，我有老婆了，但是就算没有，我也不会喜欢你。"这个场景后来演变成我们夫妻二人的一个经典梗。

每次我咬着下唇眼睛扑闪扑闪看着他用假音嗲嗲地说："王总，有件事情我不知道该说不该说……"

老公总会眼皮一眨不眨地说："我老婆告诉过我，如果有女人用这种方式开头，那就是要说喜欢我。不用说了，你走吧。我有老婆了，但是就算没有，我也不会喜欢你。"

这样的拒绝，想必任何女人听了都一定会死心了吧。

第二个故事：

婷和东都是我们的同学。

婷长得漂亮，上学时曾被东猛烈追求；东来自农村，家里单亲又穷困，其貌不扬个子矮，性格也不是婷喜欢的类型。于是她找借口生硬地拒绝了他，说："你太穷了，我家不会同意的。"

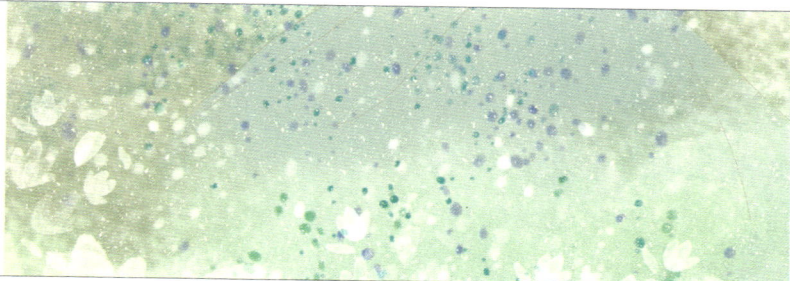

后来东赶上了好时机大赚一笔发达了起来。后来每次老同学聚会时，东在我们面前的话题都是含沙射影羞辱婷，大意是："早年她嫌我穷，听说如今她老公条件比我差远了，要是现在再见我，她还不得倒追我啊！"

婷知道了这种情况之后，就没有再参加过同学会。但很多知情女生都为婷抱不平，因为她选择的老公眉清目秀、聪明能干、为人正派好相处。如果把东和她老公摆在一块儿让婷以及其他女生选，就算东再有钱，女生们十有八九也还是会选婷的老公。

但班里男生可不这么想，很多男同学听了东的话，私下里就议论说："她不就是嫌贫爱富吗？哎，这年头，女人就是靠不住。"

不恰当的拒绝，最后变成了漂亮女生的罪名。

第三个故事：

前段时间我所知道的一个小组群发生了一场风波。

群主是个男生。结果有个女生一直在群里发言攻击群主女友的长相，群主忍无可忍就把她移出群聊了。当这个女生再申请进群时，群主搪塞说"再进群要交钱"。

后来这个女生四处刷屏控诉男群主，希望撤掉他的群管理权，罪名是"借群敛财"，整个事件持续了好久。

讲这三个故事，其实是想跟大家聊一聊"拒绝的艺术"。

在第一个故事中，"对不起，我有老公／老婆了"虽然看似是拒绝，但实际上保留了"恨不相逢未嫁（娶）时"的错觉，并不是明确的拒绝。

而"就算没有，我也不会喜欢你"，是表达彻底的不接受，可以让对方死心，不再纠缠。

在第二个故事中，如果当初女方不是用"可变量"去拒绝对方，给对方一种"如果我有钱她家就同意了"的错觉，而是明确告诉男生"我不喜欢你这个类型，无论如何也不会喜欢"，那么男生也不至于在赚钱之后沾沾自喜、污蔑报复女生。

第三个故事里，男生用了"进群要交钱"的方式去拒绝女生，是因为推测女生不会出这笔钱才这么说的。但是他的话传递了一种"有钱就能进群"的错觉，从而被人抓住了把柄。如果他说"给我一千万我也不会放你入群"，这样对方也就能彻底感受到他的拒绝之意，从而偃旗息鼓了。

可见，对每一个人来说，拒绝是一生中必修的功课。

含糊、敷衍、不恰当的拒绝，有时会引出对方心中的魔鬼，使我们陷入被动，为自己招来祸患（所以我们在社会新闻里经常能看到各种由拒绝不当而引发的刑事案件）；而明确、精准、巧妙的拒绝，会帮助我们远离纷扰、免除后患。

换位思考，合理表达，立场坚定，语气温暖，借助这些拒绝的艺术，我们就可以离喜欢的人和事越来越近，离不喜欢的人和事越来越远，并且免受困扰和伤害。

Part 第4章

婚姻

婚前被杀价，
聪明女孩如何应对

很多女孩都有这样的困惑，谈恋爱的时候两个人甜甜蜜蜜的，相处得很融洽，可是一谈及结婚，就容易遭遇婚前被杀价。这是为什么？

有一个女孩给我写信说，她和未婚夫本来年底就要结婚了。但是前段时间因为男朋友对她不是很好，并且她对未来不是很有信心，很怕他总是挂她电话，关机，动不动就不理她，还要她去找他，导致她婚前恐惧，跟父母说明年再结婚。男朋友现在经常会拿这件事情怪她。还有一次女孩的父母说，如果今年结婚，就要女孩和她男朋友两个人跪下面对双方父母保证两个人结婚好好的。这个女孩没意见，男生意见很大，也因此女孩的父母说明年再结婚。他因此就记仇了，总拿这个说事，还说自己被侮辱了，明明没做错什么事却要跪下。

有一天，女孩在男友家吃饭，男友的妈妈又跟她说，以后结婚要她跟她男朋友一起做生意，可别到时候说要上班不做生意。以前他们没订婚的时候，他妈妈是说以后她想上班就去上班的，还说自己儿子过阵子会先去某个地方做生意，等女孩周末或者放假的时候可以过去看他，帮帮他的忙。女孩听了，心里感觉怪怪的，总觉得哪里不对劲，因为对方已经不止一次对她这么说了，每次女孩都微笑，没说话，但是心里很不舒服。

曾经有这样一句话，"人的一切痛苦，本质上都是对自己的无能的愤怒。"这个女孩的经历，就是在向我们演绎这句话。

这个女孩讲的就是一个完整的婚前杀价的过程。接下来我们重新把她信中所说的关系梳理一下："她和她男朋友本来打算年底要结婚"——对方给出了结婚的承诺。"前段时间对她不是很好，并且她对未来不是很有信心，很怕他总是挂她电话，关机，动不动就不理她，还要她去找他"——婚前遇见冲突，女孩开始有不安全感，不知如何解决，于是怀疑这段感情，PU 升高。"婚前恐惧，跟父母说明年再结婚"——女孩以婚前恐惧作为借口，以拖延婚期作为解决问题的方式。"男朋友现在经常会拿这件事情怪她"——她的男朋友感觉到她的高 PU，表达了自己的不满。"女孩的父母说，如果今年结婚，就要女孩和她男朋友两个人跪下面对双方父母保证两个人结婚好好的。这个女孩没意见"——女孩默许了队友的行为，PU 继续升高。"男生意见很大，也因此女孩的父母说明年再结婚，他因此就记仇了，总拿这个说事，还说自己被侮辱了，明明没做错什么事却要跪下"——她的男朋友加倍不满，在他看来女孩已经不应该得到之前的待遇了。"有一天，女孩在男友家吃饭，男友的妈妈又跟她说，以后结婚要她跟她男朋友一起做生意，可别到时候说要上班不做生意"——男朋友队友神助攻，婚前杀价。"女孩听了，心里感觉怪怪的，总觉得哪里不对劲，因为对方已经不止一次对她这么说了，每次女孩都微笑，没说话，但是心里很不舒服"——女孩用沉默表示答应杀价。

之所以会发生这样的问题是因为三点：第一点是女孩不懂如何处理问题。当她的未婚夫挂她的电话、动不动不理她、还要女孩去找他的时候，女孩手足无措，不知道该怎么处理问题，去引导这段关系往她想要的方向走。第二点是遇到问题喜欢逃避。在预感到有可能出现问题的时候，不是勇敢面对而是消极逃避。最终把小的问题放大，两个人简单的需求度不同的问题，演变成了婚前恐惧，联合父母拖延婚期。第三点是不懂争取。当女孩逃避的时候，对方抓住时机杀她的价，女孩不懂得如何把主动权要回来，所以只能被动挨打。这三点，总结成一个词就是"无能"。女孩对想要的东西（婚姻中的更多安全感）开不了口去要，对方给她长期承诺（今年结婚）她又不接受，于是对方觉得你无能，不值这个价钱，只能杀你的价。

看女孩的问题的时候，我们能感觉到，她内心对这段感情不爽的状态贯穿始终，说白了就是女孩对她拥有的一切心有不甘。我相信在她平时的生活中，也会表现出这样的状态，而这样的状态会给她带来很多问题，比如婚前恐惧。但是之所以会婚前恐惧不是因为她男朋友对她不好，而是因为她觉得自己没有能力处理好这段婚姻关系。

站在女孩的角度看她的婚前恐惧，其实她恐惧的是自己的无能，担心自己会因为无能给自己带来离婚、家暴、老公出轨、嫖娼的后果。恐惧并没有让女孩在内心对自己拥有的一切心怀感激，在行动上小心经营感情，反而引导她把责任推卸给了男朋友。

站在女孩男朋友的角度看婚前恐惧，男人的求婚是对女人最大的诚意和赞美。而女孩在明知道对方需要你，离不开你，拿出最大的诚意希望你当他的老婆的情况下，仗着自己的性别优势（婚前选择的自由），以婚前恐惧为借口，拖延婚期，让对方的热脸贴了你的冷屁股，亵渎了对方的诚意，非常欠佳。

人类社会有自己的一套规律，所有长寿的灵长类动物几乎都采用着一报还一报（tit for tat）的博弈方式。动物园的新手饲养员常常被告诫不要去招惹那些猩猩，因为只要你伤害过它一次，它一辈子都会想办法奉还。所以，如果你觉得你的长期伴侣是一个知恩不图报的男人，那可能说明两点：一是你所施的恩，根本不是对方要的，也没有你想的那么重；二是你遇到的男人根本就不是地球上的物种。在这段感情中，女孩用婚前恐惧拖延婚期的方式冒犯了对方，那么最终遭遇对方父母出面的婚前杀价的行为，也是在情理之中。

婚前杀价不一定是恶意的，很有可能是因为对方觉得你就值这个价。

经常有女孩来我们的平台跟我们说，她遭遇了婚前杀价，问我们要怎么办。等我们把事情的来龙去脉搞清楚，就会发现在男方杀价之前，女孩子一定爆过PU。她们口中所谓的"杀价"，只不过是对方觉得她们只值这个价罢了。那些在亲密关系中体会到的不爽，都会通过杀价的方式达到平衡。

　　生活中我们也经常看到杀价的场景，比如我们看上了一件衣服，我们：店家这个衣服怎么卖啊？老板：这个很贵的你肯定买不起！（我们转身离开，转了一圈，发现老板还拿着这个衣服在店门口招揽生意。）老板：进来看看这个衣服吧，很好看的。我们：你不是说很贵？便宜点我就考虑一下。

　　脑洞一：老板降价。

　　老板：时间也不早了，你要是买的话，我就便宜一点给你（我们有可能会继续杀价，也有可能觉得便宜后的价钱不错，就把衣服买了）。

　　脑洞二：老板不降价。

　　老板：我们家的衣服从来不打折的，你要是买不起就走吧（我们如果实在喜欢，咬咬牙把衣服买下来，但是大多数正常人会直接走掉）。

　　这个女孩也是如此。如果她的PU足够低，不作不闹（在买家想买的时候把衣服卖出），她男朋友的妈妈就会觉得她是一个宜室宜家的好女孩，尊重她想去上班的想法，对她有保护欲，希望她在这段感情中开心一点（以店家想要的价格把衣服买下来）。结果她用推迟婚期的方式爆了PU（买家想买衣服的时候，店家不卖），让对方发现了她能作能闹的这一面，对方自然也会觉得自己当初给她的待遇太好了，开始向她提要求（店家想卖的时候，买家开始杀价）。

　　如果女孩MV足够高的话，面对对方"以后结婚要跟我儿子一起做生意，可别到时候说要上班不做生意"的要求，有底气向对方反驳"当初你们已经答应我想去上班就去上班，现在为什么出尔反尔要我去做生

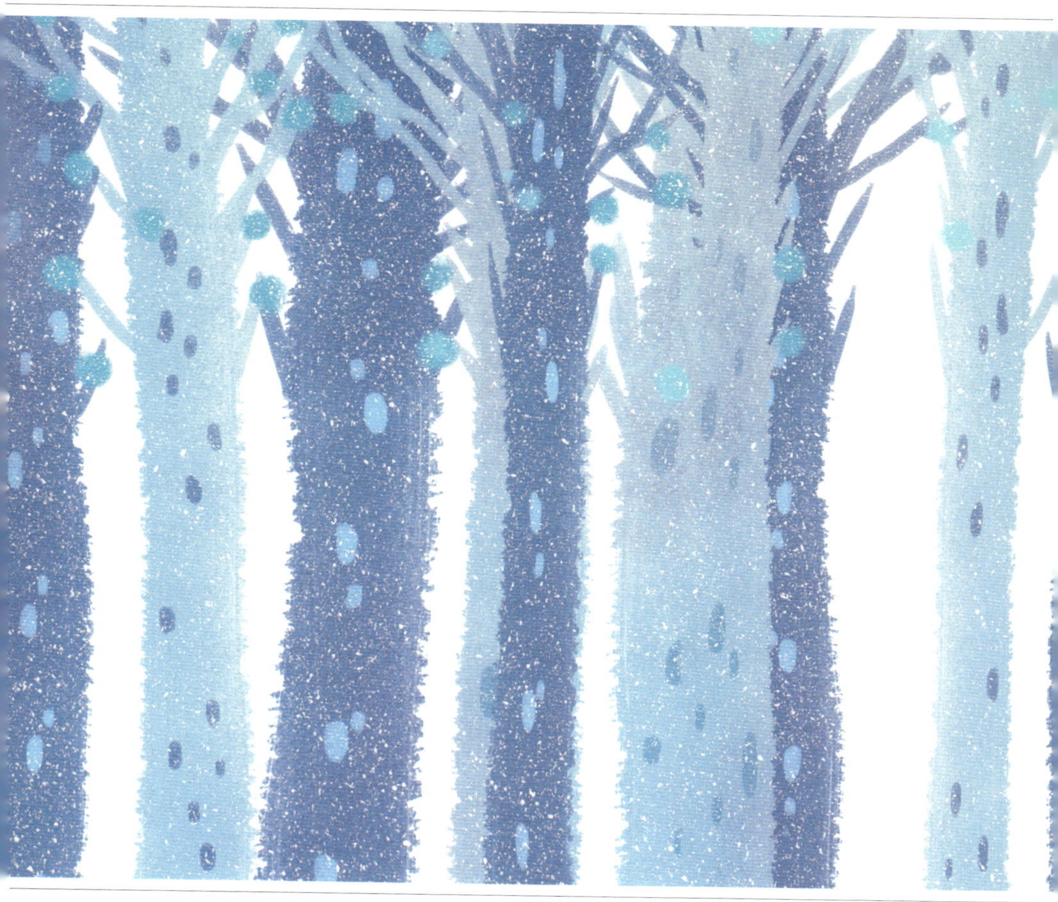

意"（面对买家的杀价，店家表达出我们家衣服从来不打折的态度）。对方如果觉得你聪明伶俐是个特别好的女孩子，就会认为自己的做法确实不太妥当，重新给你让你满意的待遇（实在喜欢的情况下，买家就会把衣服买下来）。结果面对对方的要求，女孩选择了忍气吞声，说明她的 MV 没有那么高，那么只能接受杀价（店家冒犯了买家，又想把商品卖出，那么只能接受杀价）。

　　而且从情理上来说，别人给你的承诺，不管是花言巧语还是一诺千金，都算是双方达成的"协议"，以最后一次达成的"协议"为标准执行。既然你说话不算话拖延婚期，那么对方当然也可以出尔反尔。想通了这一点，还有什么不满呢？

　　如果女孩一直维持在能力跟不上心气，本事跟不上欲望的状态，那么她在生活中就会不断地遇到杀价。她会因为在恋爱关系中的不作为，更多地感受到来自这个世界的恶意。所以，聪明的女孩，如果你不想再遭遇杀价，那么就一边降低 PU 让他内心对你有愧疚，一边提高 MV 让自己随时处在一个有底气找到更好的另一半的状态吧，你会因为你的努力，收获更多。如果你觉得自己这两点都做不到又想要更多的话，就只能接受一个时刻感到自己无能的人生。

调整情绪和表达技巧，增强婚姻幸福感

在感情关系里难免会有些不如意，但是有些女孩经常处在一个不满、抱怨的状态，这就不正常了。因为经常性的抱怨和不满，会降低你对亲密关系的评价，也会减弱你的幸福感。今天我要跟大家分享的就是如何调整自己的情绪和表达技巧，以增加自己的幸福感。

我先给大家讲几个小故事。

第一个小故事来源于我的小助手。她有一次要对一个名人做一篇专访。稿子完成以后，其中有一句话是这样的：你现在也算是公众人物了，有一些小名气了，你有什么不同于以前的感受想跟大家分享的吗？这句话看了会让人很不舒服，所以对方的经纪人就找过来跟我说希望改一下。我知道后也略微点拨了助手一下，说她这样的态度和语气是不行的。结果助手跑回去就跟对方的经纪人说：不好意思啊，你说的那里我已经改好了，请问你看还有哪里需要改的？你说怎么改我们就全部按你说的改。

小助手前后的两种态度，就是我们经常说的"亢"与"卑"。对待一个人，经常是又"卑"又"亢"，前后表现不一。比如你喜欢一个男生，一会儿你会想：我这么好，你凭什么不喜欢我。一会儿又会想：一定是我太差了，所以他可能永远也不会喜欢我。

　　一般来说，"卑"是自我激励过程，"亢"是自我成长过程。一方面是胡萝卜引诱着自己，另一方面是大棒打着自己，你就能够一直往前走，到更高的地方，去看更好的风景。一方面有压力，另一方面又有动力，这样你就会上进和前行。

说白了，"卑"和"亢"是两种力量，如果两者成了方向一致的推力，你就会自我成长前进。"亢"的时候提升你的自信，"卑"的时候提升你的实力。

但如果你没把这两种力量正确使用，产生了对冲和抵消的矛盾，你就只能原地不前，不断内耗。

我们把这两种情绪放回到感情中来看：

女孩子的"卑"，会使她降低自我评价，会让别人感觉到你的谦逊，你自己也会容易知足和感恩。但是"过卑"就容易使自己对自己的认知降低，自我评价偏低，导致找一个比自己条件差很多的伴侣的悲剧。

而女孩子的"亢"，是一种自我保护，使得自己不会被低看，也不会被轻视，更不会轻易跟比自己条件低很多的异性结成伴侣。这在年轻时是有一定益处的，但是"过亢"就会使女孩面临成为大龄剩女的危险。很多女孩到了一定年龄还找不到伴侣，往往就是因为"过亢"。

我可以给大家一个通用的提示，这也是一个入门级的技巧，就是调整心态的同时，也要注重表达的技巧。大部分卑、亢的态度都或多或少跟表达有关，合理表达能够帮你化解掉一些可能过卑或者过亢的窘境。

举个例子：我之前做徒手整骨的时候，旁边躺了个很漂亮的女孩，我就忍不住多看了两眼。虽然没有恶意，但是整骨过程毕竟也不是什么优美的事，没有人希望被过多注视（就好比你在上厕所的时候被人堵住看一样）。

这个时候，如果被看的女孩说："看什么看啊，没见过吗？ / 你瞅啥啊？"这就是过亢了。

但是如果她忍着内心不悦什么都不说，或者胆怯地说："你不要看我好不好？"这就是过卑了。

你们知道她是怎么说的？"你不要看我好吗，我会害羞。"

她不卑不亢地提出了要求，并且表达了自己内心的真实感受，这个方法是完全正确的，值得大家学习。

后来我才知道她是时尚圈的人，事业很红火，可见她的成功是有原因的。

第二个例子是一个美女和富二代的故事。我有一个美女朋友，顺理成章嫁给了一个富二代，但是她跟婆婆关系一直比较紧张，为什么呢？我说几个典型情节大家感受下——

情节 1

美女自己有六位数的嫁妆，有次婆婆就问她这笔钱在哪儿，方不方便拿出来。她就特别不高兴，对着我们把婆婆骂了个狗血淋头，意思就是说："看着他们家挺有钱的嫁过来，我没有算计他们家的钱也就算了，没想到他们还要盘算我一个小姑娘手里的这么一点点的积蓄。"

结果没过多久，她突然又跑来对我们改口说婆婆多好多好，我们觉得很奇怪，就问她。她说："闹了半天是这样的，他们家有一个众筹的项目，回报率很高，因为是亲友之间的，回报率能达到 20%。人家只是把钱先拿过去用一下就还回来，不是人家图我的钱，而是人家想帮我赚钱。"

情节 2

上一次的感动没过多久，她又跑来把婆婆骂个半死，这次是她跟老公吵架闹离婚，然后婆婆就从中劝解："你就留下来吧，好歹有个儿子啦。"她又生气地心想：她才不是真心想劝我留我，只是不想孙子没有妈。

这时候我们群里另外一个姑娘问她说："我也是这种情况，也刚生完孩子在闹离婚。我婆婆就跟我老公说，那要不就让她走吧，我们再找一个。那你觉得是你婆婆更好，还是我婆婆更好呢？你想要哪种？"

这个姑娘一听马上就不吭声了，又觉得她婆婆是个好人。

情节 3

夫妻离婚风波过后，婆婆为了安抚她给她买了一辆车，结果姑娘瞬间好了伤疤忘了疼，那段时间真是开心得不得了，整天对着我们夸婆婆。可惜好景不长，车子到手时她发现因为自己的户口在家乡，车子只能写老公名字。她瞬间觉得婆婆给她买车不是真心的，只是糊弄她，顿时气打心头生，悲从中来，想：他们全家都太有心机了，联合起来欺负我！

说到这里你有没有发现问题出在哪里？

这个姑娘的情绪似乎永远在"生气"和"感动"之间切换。

在"生气"时伴随着"埋怨"，别人做了一点点不合她意的事情，她就会觉得自己委屈万分，各种苛求对方以索取情绪价值。

在"感动"时又无法"满足"，觉得别人对她的好来得太轻易，让人惴惴不安。

更可怕的是，愧对别人的好的这种"不安"，会折磨她、拷问她，最终为了合理化自己的不安，她会进而得出"对方并不是真心实意对我好"的结论。

在她的眼里，别人永远在惹自己生气，道歉永远是虚情假意，自己永远受到委屈，而这个世界永远充满恶意。

这个姑娘其实就是缺乏情绪双向调节机制的代表——

她的"生气点"和"感动点"都极低，很容易受别人行为影响，心情永远随着别人而摆动；不懂得什么叫不卑不亢，什么叫宠辱不惊；不懂得如何在别人善待自己时，落落大方地接受并感恩道谢；也不懂得在别人亏欠自己时，如何表达自己的不满、设身处地地理解和宽容。

她的感情线永远只有高潮和低谷，一会儿是"愤怒"的，一会儿是"感动"的，心情几乎从没有"平静"的时候，对于正、负两种能量和情绪，她没有办法平衡和相互转化。

如果把每个人的情绪和心态想象成一个储蓄池，她情绪储蓄池的容量就特别特别小。你对她好就等于给她的情绪池注入了一大桶水，因为池子容量小，这些好和正能量她接不住，多出来的都是浪费；但你对她有一点点不好的时候，就好像瞬间抽干了她贫瘠的存水，她就立刻正能量"干涸"，情绪变成了负值！这样是不对的。

最好的办法是什么呢？最好的办法就是你要构建自己的正能量储蓄池，越深越好。这样当你感受到正能量和别人对你的好时，你就能够把这些感动和善意全部存储住；而当别人从你这里索取时，你也不会变得滴水不剩，世界毁灭，能量全无。

不妨想象你自己是大海，别人对你的好是阳光雨露，你要有能力存得住；而别人对你的索取不管是一杯水还是一盆水，甚至是一船水，只要你的正能量存储得够多，你都经受得住。

就像颜色不是只有黑和白，我们生活中的情绪也不仅仅只有"生气"和"感动"。

与其一直在冰与火的世界中摇摆、折磨自己和他人，不如学会在心里构建出自己的"正能量储蓄池"，收集多一点的"感动"并且存储下来，当负面情绪来袭时再释放出来、沉静化解。

你会慢慢地发现，当你寻找到情绪的平衡点时，你的生活就会进入能量守恒的奇妙轨道：所有的付出都会有回报，所有的委屈都会被补偿，而你需要做的只是耐心一点、宽容一点、感恩一点，再平静一点。

情感私房课

看懂这个道理，能够帮你消除婚姻中 79% 的不满

我的朋友 Alisa 虽然家境不富，但是天生白美，前几年跟富二代男友顺利完婚，朋友都挺为她感到高兴。虽然她老公能力平平，但是靠着祖上产业，两人生活还算富足。尤其是去年开始，因为把孩子丢给了婆婆带，Alisa 闲来无事筹划了一家高端饰品店，本来只想试水，最后竟然收益不错。

家庭事业双丰收，按说也很让人羡慕了，可不知怎的，Alisa 却偏偏越来越不开心，对老公也越来越挑剔，导致两人矛盾不断，引得她在闺密群里频频吐槽。

比如，她会坦白自己脾气变差了："以前我在家带孩子的时候，老公偶尔工作累了态度差点，我一般忍让下也就过了。但是现在，我会心想也不是只有你会工作你会累，凭什么！"再比如，她会抱怨自己没有发言权："以前家里的事情习惯了老公和婆家做主也就算了，毕竟那时候我要依靠着他们。可是现在我都自力更生了，就算离了他们也死不了，凭什么还要我听话呢？"

乍一听好像有道理，于是几个姐妹也说不出个所以然来，只能附和着好言相劝了几句。这反倒让她越说越气，大家一看无法收场，群里一阵沉

默……

　　见状我忍不住问了她一个问题："你所谓的自力更生指的是什么呢？是已经有了车房和生活保障，孩子有人帮着养，然后你自己赚零花钱自己花，还是说即使没房没车你也能自己买，孩子你也可以自己养活呢？"

　　她想了想说："当然是前一种。"

　　我又问："那如果真的让你和老公分开，你还能像现在这样衣食无忧吗？万一生重病你可以自己治吗？"

　　她有些底气不足，说："不能，如果分开就没房子住了，孩子可能也要我出钱，要是再生了病就吃不消了。"

　　见她有些开窍，我抓住机会继续开导："所以你看，其实你也明白过来了，自力更生可不是你以为的那样，是要独自承担起生活和家庭中所有责任和风险的。而你现在的状况根本不是自力更生，甚至都称不上经济独立，只能算不完全依靠老公而已。如果真要你自力更生起来，车子房子你要自己买自己供吧，孩子的抚养费用和未来的教育费用你至少要出一半，这些你可以承担吗？"

　　她怯怯地说："我赚的钱能养活自己就不错了，养房养车养孩子，肯定还是要指望老公和婆家的呀。"

　　说到这里，Alisa 其实已经醒悟过来，不由得自己反省道："最近确实有点浮躁，一方面是店里的压力大，一方面是赚到了钱就有些膨胀。现在想想，确实不应该拿老公撒气，也不应该自以为是。"

　　我接着帮她出主意："其实这种时候，你最该做的是正面表达感受、排解压力，也要学会换位思考。你应该对老公说：'最近开店感觉压力好大，所以有点焦虑，现在感觉到赚钱不易，才懂得了老公在外工作的辛苦，以后一定要对老公更好才行呢。'"

Alisa 听到这里沉默了好久，然后认真地答应了下来。

这场对话发生在几个月之前，后来就很少听到 Alisa 对老公抱怨了，前几天还看到她在朋友圈里发狗粮、晒一家三口度假照。

其实，和 Alisa 想法相似的人有很多。大家总说优秀的女人太多，优秀的男人太少，其实并非如此。

事实上，大城市里工作稳定、月入万元的女人，只要能支付自己的日常消费，能维持自己的交际圈，能把自己打扮得光鲜亮丽，在大家眼中，就已经是经济独立的优秀女性了，哪怕她没房没车。而同样大城市中月入万元的男人，可能要奋斗多年才能攒够车房首付，在车房备全之前都跟"优秀"不搭边。首付付完后，每月还要承担巨额月供，更别提结婚后的家庭和孩子开销，看起来也还离"优秀男人"的标准差很远。

同样的条件，为什么对男女的评价差别如此之大，说到底，是因为男女身上承担的责任轻重不一样。相应的，"优秀"的标准也全然不同。比起成为一个"优秀男人"，想要做一个众人眼里的"优秀女人"，相对容易太多了，没理由沾沾自喜。享有较少的家庭责任、较低的成功标准，这其实也是女性的性别优势之一。

了解到这样的性别优势的存在，尊重两性差异，摆正自己的心态，你才能够发自内心地去理解和体谅爱人，最终收获美满的恋情和婚姻。

在亲密关系里，
如何管理自己的情绪

有一个叫丹丹的女孩子给我写信说，希望能跟她分享一下女生如何学习和锻炼克制自己爱发脾气的习惯，因为她在婚后的关系里特别受这一点的困扰。她的私信让我想起了前段时间在网上引发热议的新闻：

北京八达岭野生动物园的一位女游客，据传是因为跟丈夫争吵，愤怒至极在虎区私自下车被老虎拖走，她的妈妈赶紧下车救她，结果妈妈因被老虎残忍咬伤而致死亡，她也受了重伤。姑且认为传言是对的，那么，因为一时的愤怒，导致自己和母亲一死一伤，可见情绪管理的重要性。

美国社会心理学家费斯汀格（Festinger）有一个著名的理论，即"费斯汀格法则"，说的是：生活中的 10% 由发生在你身上的事情组成，而另外的 90% 则由你对所发生的事情如何反应决定。这句话的意思其实是，生活中有 10% 的事情是我们没有办法掌控的，而另外的 90% 却是我们控制得了的。

费斯汀格举了一个例子来诠释这个法则：

　　卡斯丁早上起床后在洗漱时，顺手将自己的高档手表放在了洗漱台上，妻子怕被水淋湿，就随手拿起来放在了餐桌上。儿子起床后，拿餐桌上的面包，不小心把手表碰到地上摔坏了。卡斯丁心疼手表，就照着儿子屁股打了一顿，然后冷着脸骂了妻子一通。妻子不服气和他发生了争吵，一气之下，卡斯丁早餐也没吃，就直接开车去了公司。快到公司的时候突然记起忘了带公文包，又立刻转身回家。

　　可是家里没人，卡斯丁只好给妻子打电话要钥匙。妻子慌慌张张地赶回家，路上撞翻了水果摊，她不得不赔了一笔钱才离开。待拿到公文包后，卡斯丁已经迟到了15分钟，被上司狠狠批评了一顿。卡斯丁的心情糟糕到了极点，下班前又因为一件小事，跟同事大吵了一架。而他的妻子，也因为迟到被扣除了当月的全勤奖，儿子这天参加棒球赛，原本有望拿到冠军，却因为心情不好发挥不佳，第一局就被淘汰了。

　　在这个案例中，手表摔坏是其中的10%，后面发生的一系列事情就是另外的90%。都是因为当事人没有处理好，才导致了"闹心的一天"。

　　试想，如果卡斯丁在那10%产生后，换了一种反应，比如他抚慰自己的儿子：不要紧，手表摔坏了拿去修就好了。这样儿子高兴，妻子开心，他自己的情绪也会很好，那么之后的一切事情就不会发生了。可见，在生活中我们控制不了前面的10%，但完全可以通过情绪管理，决定剩余的90%对自己的影响。可事实上，很多女生都会因为那10%跟老公吵架，跟公婆发脾气，甚至打骂孩子。而疏于情绪管理，往往就会影响夫妻感情、婆媳相处、亲子关系。那么，我们在生活里，要如何控制自己的脾气，适当调节自己的情绪呢？

　　我首先要跟大家分享一个例子。

　　这是一个真实的案例，一对美国夫妇，在结婚 11 年后生了一个可爱的男孩。这对夫妻感情非常好，男孩自然也是他们的宝贝。可是就在男孩两岁的某一个早晨，丈夫出门之前看到了桌子上有一瓶打开的药水，为了赶时间，他只好大声提醒妻子说："记得把药瓶放好。"然后就匆匆去上班了。妻子在厨房里忙得团团转，完全忘了丈夫的叮嘱。两岁的小男孩天生带着对世界的好奇，桌子上鲜艳的药水瓶，非常吸引他的注意，于是他拿起来，一口气把里面的药水都喝光了。药水的有效成分剂量很高，即使成人也只能服用少量。由于孩子服用过量，虽然及时被妈妈发现，但尚未被送到医院就已经在路上死去了。

　　妻子被这场突如其来的意外吓坏了，一方面面临着非常难忍的丧子之痛，而另一方面也不知道该如何面对丈夫的责备与惩罚。可是，当焦急的父亲赶到医院，看到了儿子的遗体，得知了所有的情况，只是在妻子的耳边悄悄说了一句话：

　　"I love you，dear！"（亲爱的，我爱你！）

　　短短的一句话，其中饱含了无限的包容与爱。同时我们也能看出这位丈夫在遭遇不幸时，处理事情的高情商。因为可能大多数人在遇到这样的事情的时候，都会非常愤怒地对妻子破口大骂，更有甚者可能会因为冲动引发更大的悲剧，最后的结局很可能就是夫妻之间有了一层厚厚的隔阂，婚姻破裂。

但是高情商的人，会懂得如何与对方一起面对生活中的不幸，用一颗包容与爱的心去处理生活中的 10%。而即使遭遇过生活的重创，我相信这一对夫妻最后也一定是幸福的，因为他们拥有一种很神奇的魔力，就是懂得怎样去化解自己的情绪。在事情发生的时候，保持冷静、理性，首先问清楚自己想要什么样的结果，用什么样的说话语气能够把问题解决，然后温柔地表达自己的情感，给足对方台阶。之后两个人不是站在对立面，而是能够一起去面对生活的暴击。

生活中像这一对夫妻一样遇到这种沉重的打击是不太可能的，一定需要这种超乎常人的智商和情商去处理的问题也是很难遇到的。更多的人是败给了鸡毛蒜皮的生活小事，而恰恰是对那些小事的处理，难坏了很多婚姻中的女生。

要想在婚姻里懂得控制自己的情绪，少发脾气，我想给大家几点建议：

一是要懂得享受生活。

心理学中把人的脾气分为七层，而最低的一层我们称之为 die，就是死。这个死不是指一个人真的死了，而是哀莫大于心死，意思是这个人对什么事情都没有兴趣，无所谓。她也会去做一些事情，比如去跟朋友唱歌，逛街，会跟孩子做一些亲子游戏，陪老公看电影、做家务等，但是她不享受。婆婆做好了饭，让她过来吃，不管餐桌上放的是什么，她都觉得烦。孩子想让她辅导一下功课，她也觉得特别吵，跟老公的各种互动也觉得无趣。当一个女生不懂得享受生活中的每一个过程的时候，她的脾气往往是最大的。因为生活里的任何事情都会成为她的负担。

二是需要学会控制自己的恐惧。

这种恐惧不是说你怕蛇怕鬼怕天黑，而是指害怕自己不配拥有幸福，或者即使拥有了也不懂得珍惜。举个例子来说，女孩交了一个男朋友，男朋友对她特别好，女孩就开始心慌，觉得自己会不会太幸福了啊，会不会有一天男朋友就不理她了啊，太幸福的人是不是很容易失去什么，她会不会因此而受到其他的惩罚等。女孩在潜意识里觉得自己不配拥有幸福，所以经常会去确认，会试探，而这种不确定性，内心的恐惧，也常常会让自己变得易怒，喜欢发脾气。

三是要学会调节自己的怒气。

恐惧的上一层面是 angry，就是生气。生气是一个很重要的临界点，很多女孩说，既然要学会调节情绪，那我就不允许自己生气。这种想法是不对的，因为你对自己情绪的压制，不允许自己生气，其实并不是真正做到了不让自己生气，而是暂时把不满、愤怒藏在了潜意识里面，随着积怨一点点加深，最终爆发出来的，一定是极大的怨气。这种情绪的压制，最后产生的伤害往往会更大。所以我们要允许自己生气，但是要学会缓解。生气的时候，要记得一句话：愤怒源于自己的无能。然后慢慢地冷静下来，想清楚自己生气的原因有哪些，更深层次的原因是自己在害怕什么，当你想完以后，往往就会安静许多。所以要允许自己生气，但生气的时候要学会耐心地安抚自己，控制自己的情绪。

四是学会在有情绪的时候如何跟伴侣相处。

我的建议是，用高情商的"软"去代替低情商的"硬碰硬"。女生要学会以柔克刚，对方激怒你，你要学会扮委屈撒娇，而不是真的跟对方吵起来。生气，想要爆发的时候，先想后果。有些很伤人的话可能是你一时的气话，但是在生气过后，那些最伤人的话是不会被忘记的，对两个人的感情也是一种伤害。所以聪明的女孩，要首先学会管好自己的嘴。

当有些事情、有些场景惹怒你，可以尝试着先从那件事情、那个场景里抽离出来。比如出去扔个垃圾，去买点水果，当你从一个生气的环境里抽离出来的时候，情绪就能得到适当的缓解。而当你冷静了，再让你发脾气，也就发不出来了。我有一个粉丝，她曾跟我说，每次她想发火前，都会先数五个数，如果还是很生气，再数五个数，这时候可能就没之前那么愤怒了。然后想一下发火的后果，要怎么善后，这样下来也就不会再想跟对方发脾气争吵了。

爱发脾气的女孩 PU 都不低，而高 PU 往往会对婚后生活有很大负面的影响。所以聪明的女孩，一定要学会控制自己的情绪，降低自己的PU。

在婚姻中男人出轨的原因太多，有人说是因为男人薄情，比如诗词中的"等闲变却故人心，却道故人心易变"。也有人说是因为外面诱惑太多，比如现在依然在流传的"家花没有野花香"的说法，大多是指责男人，或者批判另一个女人。但是在感情中很多时候并不是非黑即白的，一段感情出了问题，两个人都脱不开关系。而那些我们看起来觉得光鲜亮丽的婚姻，又有多少人在默默忍受。

这次我要讲的 A 女和 B 女就分别处在一段看起来光鲜亮丽的感情中。

A 女是高 MV 高 PU 女的典型代表。

A 女在第一段婚姻中找了一个对她来说是情人型的老公。用她自己的说法就是老公长得不错还很有钱，相较之下，A 女的 MV 反而低于她老公了。不过没关系，两个人相识的时候女方非常年轻，阅历很少，疑似处女，天生自带低 PU 优势，所以男方义无反顾地娶了她（低 PU 得婚姻）。

可是就算这样，男方的 MV 还是高出女方太多，同时女方的 PU 一直没有降下来。随着时间的推移，她是处女所带的低 PU 已经被慢慢消耗掉了。于是男方开始明目张胆地出轨找补，为了满足对低 PU 的需求，男方的出轨对象大多 PU 很低，同时要求女方做大房。女方虽然不能接受，但是毫无办法。在女方生下第二个小孩之后，因为再也没办法忍受女方的高 PU，男方提出离婚。不过离婚后，男方一直很疼爱他们的小孩（高 PU 婚姻不保，女方自带低 PU 惠及儿女）。

　　A 女在第二段婚姻中找了一个对她来说是供养者的老公，用 A 女的说法就是是她提拔了第二个老公。我们可以看出来，她的 PU 还是很高，对吧。但是没关系，女方很有钱。男方为了得到女方持续不断的"提拔"开始跪舔女方，同时也一直在被女方的高 PU 折磨，只能偷偷出轨找补，找补对象大多 PU 很低。同时因为两个人没有孩子并且约定不生小孩，所以如果男方有对孩子的亲职投资的话，也会是对找补对象。而女方很享受被跪舔的感觉，面对这样的状况也只能睁一只眼闭一只眼（跪舔基于高 MV 高 PU，长择基于高 MV 低 PU。两者不一样，前者没有保护欲）。

　　我们可以看到女方的婚姻时间以及 PU、MV 的对比，以及她所遭遇的情感模式和男方找补区域（男方只会在所处感情模式的对面区域找补）。

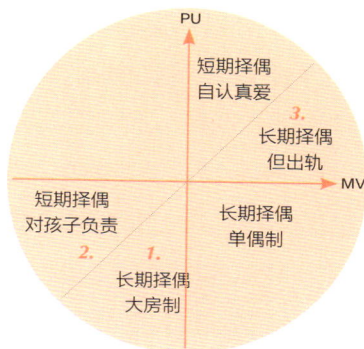

	PU	MV	感情模式
1. 和第一个老公结婚时	低（因为处女）	低（较老公 MV 低）	长期择偶/大房制
2. 和第一个老公离婚时	高（处女所带的低 PU 已经消耗光）	低（较老公 MV 低）	短期择偶/对孩子负责
3. 和第二个老公结婚时	高	高（较老公 MV 高）	长期择偶/但出轨

现在 A 女在和第二个老公过着她觉得非常幸福快乐的生活，她还经常秀恩爱，即使她的老公会经常出轨找补，但是只要她老公能持续跪舔她，她就觉得这段感情是她想要的。

B 女是低 MV 低 PU 女的典型代表。

B 女第一段婚姻找了一个对她来说是供养者的老公，她的老公没办法接受她的低 MV，所以即使她 PU 很低，她的老公也开始偷偷摸摸出轨找补，而且找的都是大美女。最终有一天被 B 女发现，B 女的第一任老公痛哭流涕跪舔她求她原谅，希望能保全婚姻。B 女没办法忍受，愤而离婚（MV 无论多低，只要 PU 低，就能得到长择）。

B 女第二段婚姻找了一个对她来说是情人型的老公，第二个老公的MV 高她非常多，也远远高于她的第一个老公，用她的话来说就是能找到这样的老公非常幸福。但是她的老公和她结婚有一个前提，就是希望两个人是开放式婚姻，她接受了。于是即使第二个老公出轨，她也觉得十分幸福。她的观点是女孩不用年轻漂亮也能得到美好的婚姻（低 PU的核心要诀在于尊重、宽容和感恩。但低 MV 的人会把这些行为都异化，变成服软、迁就和忍让，俗称跪舔）。

我们可以看一下女方的婚姻时间以及 PU、MV 的对比，以及她所遭遇的感情模式。

	PU	MV	感情模式
1. 和第一个老公结婚时	低	低（与老公相差不大）	长期择偶 / 但出轨
2. 和第一个老公离婚时	低	低（与老公相差很大）	长期择偶 / 大房制

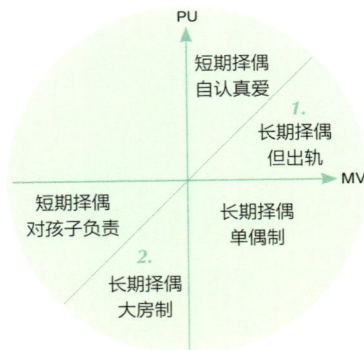

现在 B 女和第二个老公也过着看起来幸福快乐的生活，她也经常秀恩爱，即使她和她老公是开放式婚姻，但是能得到一个情人式老公，她就觉得这段感情是她想要的。

你们发现没，这两个人不管是和哪个男人在一起，她们的另一半要不就出轨了，要不就离婚了，是她们一直运气不好，遇到渣男吗？当然不是，坏男人哪有这么多，都是女人臆想出来的罢了。

A 女的问题就是 PU 太高了，B 女的问题是 MV 太低了。一个女人不管占着哪一头，男方都会非常容易出轨。但是她们又喜欢这样的生活，即使男方出轨自己心里不愉快，也会把自己的选择合理化。所以她们只会抹黑自己的前夫，同时隐瞒自己"现夫"出轨的行为。一个持续高 PU，宣扬我高 PU 我骄傲；一个持续低 MV，宣扬没有年轻美貌也可以过得很爽，同时觉得自己高 PU 的人生和低 MV 的人生值得模仿和复制。而你真的想拥有她们这样的生活吗？

确实我曾经也对这样的生活非常不解，后来我发现，大房模式也值得尊重，因为每个人的路都是自己选择的，她们选的这条，对她们来说肯定是获益最多的路。A 女得到了她想要的男人的跪舔，B 女得到了后代更优质的基因。虽然对她们有点怒其不争，但还是祝福一下她们吧。

不过，我最想说的其实是在任何市场上，无论是择偶、就业，还是我们所知道的商品交易，都是那些"价廉""物美"的人或者说是商品"交易"得最快。所以说我现在经常让大家做到的提高 MV、降低 PU 就是在提高"质量"的同时降低"价格"，使得大家在婚姻市场中更容易达成"交易"。而且如果对方觉得在这场交易中得到的多，会很满意这段关系，这也有利于两个人长期关系的保持。如果你不改掉你的高 PU 或者低 MV，那么你遇到的每一段婚姻都有可能是在第一象限右侧（长期择偶／但出轨）和第三象限右侧（长期择偶／大房制），并且很容易连婚姻都得不到，变成第三象限左边（短期择偶／对孩子负责）甚至第一象限左侧（短期择偶／自认真爱）。只有在 MV 高 PU 低的情况下，你才能得到长期择偶单偶制的感情，没有别的途径，我也知道这很困难，但是幸福相伴一生的婚姻原本就少见不是吗？需要我们每一天努力去好好经营才能得到。

有的人会问为什么男人都会出轨，不出轨的男人还有吗？

其实不出轨的男人是有的，并且很多，我们可以看一下这张图上面的这条虚线，这条线叫婚姻存亡线，在这条虚线上方是短期择偶，这条虚线下方是长期择偶（也就是婚姻）。

而在婚姻中，有四分之一的男人对自己的老婆是长期择偶但出轨。这部分区域形容的就是那些对老婆长期择偶但是跪舔老婆的男人，被老婆发现就会老实一段时间，但是会接着出轨。可是我们也要知道，这样的关系都是女孩子们自己选择的呀！你选择了一个跪舔你的男人，就只能承担这样的后果。

有四分之一的男人对自己的老婆是长期择偶大房制，就是男人明目张胆地出轨，反正他们的 MV 高，自己的老婆也管不了他们，只要他们能按时交工资就好了。但是这样的婚姻不是女孩子们自己选的吗？大房制的婚姻不落到女方高攀的婚姻关系中，那要落到什么样的感情关系中呢？

但是我们还要看到在这张图中，有二分之一的男人并不出轨，这与2010 年的大数据惊人地吻合。这个世界幸福的婚姻有很多，幸福的婚姻总会落到那些能够认清自己的 MV，同时努力降低 PU 的女孩身上。

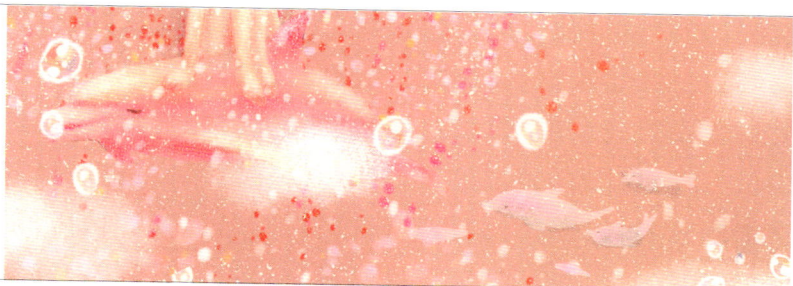

私房课 yīfángkè

**恋爱时出轨的男人
能不能拿来结婚**

前几天，朋友的妹妹 Aimee 遭遇了感情困境向我求助：她从中学时期就开始喜欢小 F，他聪明帅气，性格能力也不错，但因为种种原因两人当时并没有在一起。等到两人都步入社会后，才有机会再续前缘。Aimee 知道在此之前，小 F 有过一夜情和找小姐的经历，但她觉得这些属于他的过去，她能包容和接受。可令Aimee 万万没想到和难以接受的是，他们在一起之后小 F 竟然还撩拨她的闺密。闺密把手机拿给她看的时候,她痛苦地选择了逃避,不告而别地离开了两人所在的城市。但是小F一直苦苦挽留,并宣称自己已经洗心革面,还要前来Aimee的新城市追随她。于是Aimee开始心软和犹豫,她问我:"我还能不能和他在一起呢?"

我听完沉默了一会儿,但还是只能坚决地告诉她:"不能。"

Aimee痛苦纠结地问:"我真的很爱他,他也悔过自新了,为什么不能继续在一起呢?"

于是我只能继续给她残忍但真实的答案:"如果你们还在一起的话,男方早晚会再次背叛你。"

从整个庞大的生物界来看,在求偶期中,雄性主动方的最佳表现,就应该是两者毕生关系的上限了。且统计结果表明:恋爱期间,劈腿的男性仅约占四分之一,婚内出轨的男性却有接近一半。我们都知道,恋爱的时间只有短短几年,而常规的婚姻往往长达50年以上。所以,如果他在短暂且最需要卖力表现的恋爱求偶期内都表现欠佳,你就不要寄希望于他能在漫长而平淡的婚姻期内能表现良好了。就像如果一个人连小学数学题都不会做,你就不要盲目乐观地相信他能搞定微积分了。当然,这并不是说一个人会解小学数学题,就意味着他数学很好——即使他在恋爱期间不出轨,婚后也依然有抵制不住诱惑的可能。

每段两性关系都有着自己独一无二的相处模式——同样是小F,他和别的女人在一起可能就不会出轨;同样是Aimee,别的男人和她在一起可能也不会出轨。而之所以现在小F和Aimee在一起的时候出轨，说明在和 Aimee 的这段关系里，他得不到完全的满足，这就意味着他会通过反复接触其他的异性来找补——包括接触前女友、出轨、与其他人暧昧等方式。在小 F 的潜意识里，已经建立起以出轨来维系当前关系的思维模式，因此这段感情是极其不健康的。它就像一个孕育中的先天存在缺陷的胎儿，Aimee 最需要做的就是当下止损、不要让这个胎儿继续发育生长（恋爱）。因为等其呱呱落地（结婚）时，只会给 Aimee 带来更巨大和漫长的痛苦折磨。

我们可以试想：果子刚上市最新鲜的时候一斤都卖不了 20元，难道还指望等收摊干瘪时能卖 20 元？同理，在你最年轻貌美的黄金期时都对你不满意的人，当你变成黄脸婆之后，他就更不可能对你满意了。所以简言之，但凡在恋爱期出轨的男性，你一定不能考虑让他成为你的丈夫。

听完我的分析之后，Aimee 好像已经明白了，也有了分手的打算，但是她又问我："在什么时候选择和他分开好呢？因为现在正是他最需要我的时候，我不忍心离开……"

对于这样的问题，我这里也有一个通用的答案——在两相权衡时，做什么事情会让你觉得不忍心、觉得自己不善良、觉得自己是个冷血的坏女人，你就应该依照这个方向去做。

因为一段两性关系中如果有背叛存在，就意味着它不可能实现双赢。换言之，它很可能并不是一段牢固而长久的关系。在这样的非长期关系里，男女的各自利益重于共同利益，竞争多于合作。因此你的合作、容忍与退让，并不能帮你实现所想、维系关系，反之却很可能使你的感情成了对方的发泄口，使你的青春成了对方的消遣物。阿克塞尔罗德的模型的实验结果也证实了这一点：当遇到狡猾的程序时，忠心不贰的合作程序容易遭遇背叛导致颗粒无收。所以你更应该采取"一报还一报"的模式报复对方，如果你做不到，那至少要远离对方。

在对方背叛你的时候，你一定要做一个自私的人。而内心不自私的那部分，就留给真心对你、给你长期承诺的男人，就留给你的父母和未来的孩子吧。如果对待背叛你的人，你依旧选择宽容，那只能说明你在试图高攀对方，或者试图获取自己不该得到的东西（比如至高无上圣母范儿的快感，或者男方感激涕零的跪舔）。而这一切，都无法为你带来一段稳定而长久的关系，最后只能使你落个人心两失的收场，白白浪费了青春，陷入永无止境的悲剧。

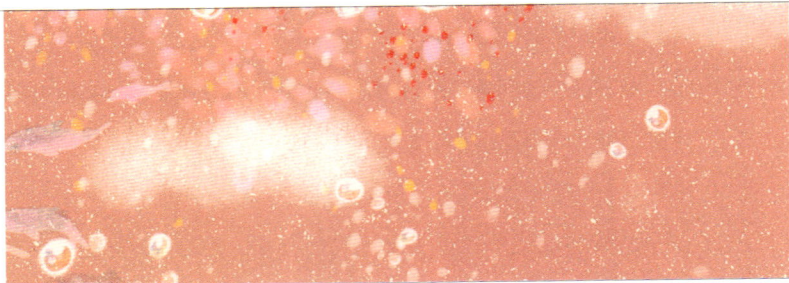

婚后如何提升
感情浓度

　　有朋友说："很多人说婚姻是爱情的坟墓，我之前是不信的，但结了婚以后才发现婚后的生活跟婚前太不一样了，那个和我结了婚的人似乎一下子就变了，变得懒惰而不可理喻，之前的好脾气一下子恶劣许多。结了婚以后，我们都不再掩饰自己的喜好和本质了，说话的时候也不再婉转，不再顾及对方的感受，很多好意因为太直接的表达而让人难以接受。比起婚前，我们有太多的时间在一起，但是我们的热情却日渐冷却。是谁说的爱情是热烈如酒，而婚姻平淡如水？难道这种情况就没有办法改变吗？"

　　其实这位朋友的苦恼就是走进了"橡皮婚姻"。什么是橡皮婚姻呢？就是说在婚姻里时间长了，我们都跟橡皮一样，扎也扎不疼，没有感觉，比较麻木。这就涉及给婚姻保鲜的技巧，也就是如何在婚后提升感情浓度。你可以尝试用以下几招：

　　第一招：提高 MV 降 PU。

　　很多女孩子觉得我已经结婚了，两个人在一起生活那么久了，谁什么样对方早已一清二楚，慢慢地她们就会降低对自己的要求。可是你想象一下，一个年轻的女孩子，把自己打扮得像个老太婆似的。老公出去工作的时候，在办公室里或者在工作场合看到的人都光鲜亮丽，回到家的时候，看到自己的老婆邋邋遢遢的样子。可能你是在为你们的家忙碌，在给他准备好吃的，或者正在做打扫卫生的工作，但当他看着你撅着屁股在那儿拖地，或者披头散发地在做饭的时候，那是没有美感的。所以即使是在婚后，也要严格要求自己，每次都美美地出现在老公面前，同时也要尽可能给自己在婚后生活里保留一份神秘、一份妩媚。我记得看过一个段子，说婚姻最好的状态是什么样的，回答说，就当没结过。之前胡可在参加综艺节目的时候，主持人问她维系婚姻幸福的秘诀是什么，她也说，就是不要把对方当成自己人。因为一旦当成自己人了，就会无所顾忌，而一个女人无所顾忌，随意表现邋遢不雅的一面的时候，往往是最容易失去魅力的时候。同时也要注意降 PU，每天保持正能量，控制自己的情绪，不要想说什么就说什么，完全不顾及对方的感受。结了婚以后很可怕的一点就是两个人不管什么事情都说真话，而且还不加修饰地表达出来。因为真话往往是最伤人的，如果再不注意表达的技巧，可能给对方的伤害就是加倍的。而女孩可能还觉得我这是好意，因为你是我老公了，我没把你当外人才这样说的，但这种沟通方式恰恰是对婚姻关系有害的。所以真话可以说，但要巧说，同时还不能乱发脾气。坚持自己的兴趣爱好，不断地充实自己、提升自己，从内而外散发吸引力，让对方欣赏你，夫妻之间的感情才会甜甜蜜蜜的。

第二招：要学会聪明地化解矛盾。

这世上没有绝对的好，也没有绝对的坏，任何一个男人、一个女人，在某一个方面的特质在另外一个时刻／另外一个场景都可能变成弱点。比如说一个男人非常粗犷，给你一种特别男子汉的感觉。在恋爱的时候你觉得他顶天立地，真棒。但是在以后的相处中，他多多少少都会有一些大男子主义倾向，不会事事都顺着你。尤其是进入婚姻以后，他的大男子主义倾向会表现得更为明显。因为在一段关系里，彼此不熟悉的时候，看到的通常都是优点，但是熟悉了以后，我们每个人都有一个劣根性，就是对自己越熟悉的人和事物，挑剔性越高。恋爱时期看着很好的优点，进入婚姻以后可能就都变成了缺点。所以当场景发生了变化，时间地点不再相同，你还能不能感受到对方的吸引力，这是需要女孩子自己调整的。在婚姻关系里面，你的接纳度够不够？在他身上有哪些特质是你在恋爱时期一直比较欣赏的？为什么婚后却变得挑剔了？我觉得在婚姻关系里，欣赏比挑剔更重要。一个真正懂得处理婚姻关系的女生，不会一味地挑剔伴侣身上有哪些缺点，把目光一直集中在他的缺点和不足上，觉得自己是在跟一个特别差劲的人生活在一起，把自己也折磨得快要窒息了，而是懂得欣赏他的好，知道自己其实是在跟一个特别好的人生活在一起，当你内心看到的都是正向的事物的时候，你的生活也会变得不一样。夫妻俩在一起生活久了，难免会有矛盾。很多女生刚开始进入婚姻的时候，觉得自己不应该吵架，因为两个人吵架就代表着婚姻不幸福。其实不是的，如果你不吵架，所有的东西都要隐忍，时间长了负面情绪堆积反而多了，会特别不利于婚姻的发展。而且很多事情如果你不说出来，让对方知道你能接受的点和不能接受的点分别在哪里，也许他根本就不了解你真实的想法。所以适当的吵架没有关系，但关键是要怎么吵。

闹矛盾、吵架都可以，但是女孩子不能像个泼妇一样爆 PU。吵架的内容也很重要。女人特别容易犯的一个错误是，她并不是在跟男人吵架，而是在跟自己吵架，跟自己的想象吵架。比如说老公最近工作很忙，以前他忙你可能觉得也没什么问题，因为他加班也是为了家里，为了生计，女生会特别容易理解。但是如果他的单位里最近来了一位女同事，而且这个女同事非常漂亮，这位女同事又恰好跟他在一个项目组里。他们两个需要经常一起加班，那么问题来了。以前老公在办公室加班，女生可能心里没有任何的想法，但是现在老公要在单位里加班，女生的脑子里浮现的往往都是老公跟那个女同事一起加班的画面，这个画面会特别让女生受伤。所以以前老公打电话过来说我晚上要加班，她可能会语气很轻柔地说你不要太累、早点回家、路上要注意等，但是现在可能语气就会特别冷淡，说你随便啊，无所谓。

很多时候女生是在跟自己的想象生气，她想到了这个画面，可能这个画面不一定是真实的，但她感受到了，就会跟老公发生矛盾，吵架。但老公可能会觉得云里雾里的，完全不知道发生了什么，为什么前一分钟还好好的，后一分钟就突然生气了，他会觉得跟你很难沟通，时间久了可能就不太愿意跟你沟通了。而且这样的吵架，很可能反衬得其他女生更加可爱，更加善解人意。也许从本能上来说，你是在用吵架这种方式来考验你和对方的感情，比如说要去蹦极之前我们可能会拉一下看那个绳子断不断，但是那个绳子可能本身不会断，但你反复地去拉它，你每一天都去拉，它可能有朝一日就会断了。

另外，发生矛盾的时候不要一味地指责对方，这对于改善你们的关系一点好处都没有。要学会换位思考，比如你觉得他吃你"男闺密"的醋纯属不可理喻，不妨试着想象一下如果他有了"红颜知己"你的接受度又能有几分，明白了吗？还有一种方法，就是在矛盾进一步激化之前，要学会暂停。夫妻俩可以制定一个"停战约定"，两个人一起遵守，比如想要停止吵架的时候，就拥抱一下对方，有一个人先拥抱了，那么另一个人自然就停了。所以很多感情上的小问题，其实一个简单的拥抱就可以解决的。

第三招：要学会夸奖对方。

在我们的生活里，很多夫妻的相处模式比较含蓄，不会直接去表达自己的爱意，时间久了，两个人之间的感情会慢慢变淡。那该如何夸奖对方呢？要嘴甜夸赞星星眼，不吝惜表达赞赏和爱意。学会欣赏对方，并且抓住心动的瞬间，一旦发现他的优点，不要害羞不要等，马上星星眼地对他说出你的崇拜和爱意。有的女生可能又觉得困惑了，要怎么夸他啊，我平时也会夸他，但每一次老公都觉得我是在敷衍他或者糊弄他，或者反应很冷淡。比如我夸他说"你好帅啊""你好聪明啊"，他只是"嗯"就不再说什么，场面有时候会很尴尬。夸奖老公也是需要方法的，比如他很强壮，你再夸他很强壮很有力量，他就会觉得没有新意。他对自己的认知是自己长得不帅，而你夸他长得帅，那他一听就觉得你是在糊弄他。所以要用意想不到的点去夸他，比如你也有细心的一面，你很体贴，等等。或者利用别人的话来赞美老公，比如他去过你们单位，你可以说，我们同事都夸你很能干／懂得特别多，等等。也可以试着多在亲戚朋友面前夸奖他，对他的爱和肯定，通过共同的朋友转达给他，效果也是会加倍的。

第四招：感恩老公对你的好。

不要认为老公对你好是理所当然的，要学会表达自己的感激，用他能感受到的方式去感谢他的点滴付出，他感受到你的鼓励和赞赏，会更加努力地对你好。因为他的付出得到了收获，那就变得有意义了。夸奖他的方式可以是一个小礼物，或者朋友圈晒一晒，时不时地赞赏一番，这都会让他成就感满满。

第五招：给生活带来一些变化，别总有太多的压力。

首先，尽可能不去做房奴。现在很多年轻人结婚之前都拼着命地买房子，背着特别多的房贷，两个人的肩膀上压着特别沉重的一座大山，做什么都会失去兴趣。日子需要计算着过，想去旅行，没钱，想出去看一场电影，也要精打细算。时间久了，彼此之间的那份激情都已经磨没了，只剩下了还债，还债。人不是机器，是有感情的，是需要发泄情绪的，如果强迫自己、压抑自己，让自己变成一个还债的机器，那你的生活还会有乐趣可言吗？

其次，如果你的工作压力太大，就要暂时地停下来。在疲惫的状态下，回家连话都不想说，始终保持一种沉默，慢慢地夫妻之间就失去了沟通。你想什么他不了解，他想什么你也不知道，两个人如果向着相反的轨道，很容易就会背道而驰。所以，感觉到太疲惫的状态出现的时候，就要学会给自己减负。另外，要尝试着给生活带来一些不一样的变化，婚姻和爱情是有保质期的，如果不懂得保鲜，很容易出现问题。在睡觉之前不妨对老公说说新鲜的事，例如公司来了一位新同事，最近网上看到的娱乐新闻，朋友提及的旅游胜地，回家路上发现一家特别的餐馆……如果对方感兴趣的话，可以约对方一起去尝试。家里的装修／布置也可以适当地变一变，别总是一成不变，失去了生活的乐趣和味道。

希望以上的几个妙招，你都能学学，保持婚姻的感情浓度，收获幸福的婚姻。

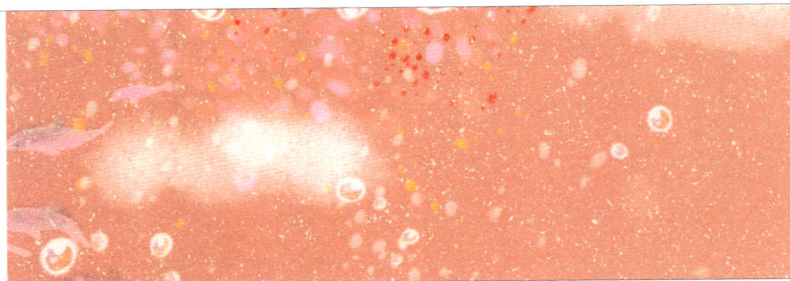

私房课

"我们
几乎无感情浓度"

Q 问：

我选择了大我五岁、有责任心、有工作能力、老实靠谱的人做老公，目前老公养育价值和亲职投资较大，对孩子好，对家庭负责任，但是我们几乎无感情浓度，更无法要求情绪价值，包括性生活也很少（一月一次），判断老公没有出轨，也真的感觉老公不爱我，他不过问我的生活，对我和男同事吃饭之类完全没反应，晚归或出差也不会打电话问我，感觉在搭伙过日子。我的诉求是：我还是很希望能有情感交流，我想努力争取一些精神层面的快乐，娃娃，我该怎么办才能做到？另外如果我有蓝颜知己，身体绝对不出轨，但是给予我精神慰藉会怎样？有风险吗？

A 答：

在一段关系中，通常女人负责提供生育价值和观赏价值，男人提供情绪价值和养育价值。但是当男人可以提供的养育价值较高时，就需要女人来提供相应的情绪价值。

所以，建议你改变自己的说话方式，多对老公撒娇，为你们的情感交流做出一些正向的努力。有的男人虽然比较木讷，但是他也会以一些方式对你做出回应。

"如果我有蓝颜知己，身体绝对不出轨，但是给予我精神慰藉会怎样？"如果你觉得这样做没问题，那么老公也有同等程度的红颜知己可不可以呢？而且你确定蓝颜知己不会勾引你出轨吗？我觉得还真未必。

情感私房课

为什么他感受不到
红颜知己对你的恶意

Angela 在 23 岁的时候嫁给了 31 岁的大刘，大刘属于事业有成、很受欢迎的那种男人，婚后两人生活一直非常和睦美满。由于两人是闪婚，直到婚后，Angela 才逐渐进入大刘的事业圈和朋友圈。在平时陪大刘应酬时，她发现大刘身边的一些红颜知己对她很怠慢，比如给她安排远离老公的座位、故意言语挑衅，更有甚者明目张胆地背着大刘对她说："大刘需要一个可以更好地照顾他的妻子。"

Angela 既生气又委屈地把这些都告诉了大刘，结果一向疼爱她的大刘却不以为然，只劝她不要多想，说对方只是不太会说话，可能当时座位确实是不方便，等等。

Angela 很疑惑：为什么大刘感受不到那些女人的恶意？以大刘的智商和情商，他不应该做出这样的判断呀。

最后她得出一个结论：他怎么可能不知道呢？他肯定是故意装作不知道那些女生对他有好感！

其实，大刘真的没有装，他的确不知道那些女人对自己有意思，也确实感受不到周围女人对 Angela 的不怀好意。

这种情况实在是太常见了，有时候，两个女孩之间明明已经老死不相往来，恨不得把对方扒一层皮了，男性却以为你们是好朋友，只不过有点小矛盾。

到底为什么男性感觉不到女性之间的冲突和矛盾呢？

我们不妨换位思考一下：

女孩们肯定都遇到过类似情况，当你和一个普通男性朋友正常交往，而且从来不觉得甚至没想过他对你有意思，可是男朋友却非常介意、强烈不满，要求删掉他的联系方式。很多女孩此时都会觉得男友不可理喻或者嫉妒心在作怪，你们的内心告诉你：这个男性朋友并没有其他意思。

但是，你有没有想过，告诉你这句话的是谁？根本不是你的内心，而是基因在和你说话。而我们自以为的本能和意识，只是基因操控的产物。

为什么基因要操控人们这样去思考呢？

这是因为基因要将自己的繁衍利益最大化——让我们在和男友吵架的时候有另一个肩膀可以靠一靠，在择偶的时候有更多的备选项，甚至为了我们的偷情而做出预设和准备。不要笑，大数据显示女性偷情的比例高达 37% 乃至更多。这是预设在我们基因中的本能，虽然这个本能并不道德。

正因如此，女性会本能地忽略掉追求者们的暧昧或者小心思——"只是普通朋友呀""我只是把他当朋友"，其实这种理解是为了合理化自己的行为，安抚男友，并且保持生殖利益最大化的可能性。

回到开篇的故事，大刘之所以会意识不到其他女人的爱意和其他女人对 Angela 的敌意，原因也是完全一样的：基因控制了他的本能和头脑，产生了符合男性的生殖红利的意识。

很多女人都以为，男友应该和自己处于同一战线，帮助自己对抗居心不良的女人，但实际上男人的本能可不这么认为。拒绝并远离那些女人虽然有利于女友，但是对自己的生殖红利是没有任何好处的。在这一点上，男女双方的利益是冲突的。

如果他不拒绝她们，忽视那些女人对自己老婆的恶意，说不定何时其中的某个就爱上了他呢？

所以，在单身阶段，基因会驱使男性误解周围女性都对他有意思，以便激励他采取行动主动出击来寻得伴侣；而在已有伴侣时，基因会使男性下意识地将周围女性对自己的好感都理解为普通的友好表达，将周围女性对自己女伴的恶意都通通忽视，最好她们之间可以和平相处，这才符合他的生殖利益最大化原则。

就像古代皇帝后宫三千，女人们整天钩心斗角他难道不知道吗？可是皇帝会本能地忽视这一切，才不会参与后宫的争斗呢。

这就是我们基因的精明之处，它操控着头脑和身体，操控着本能和下意识，让我们选择性地放大或忽视一些感受，却并不自知。男女皆然。

你不妨试想：当男友要求你不许和其他男性朋友交往时，即便你删除了他们的联系方式，但你会因此同他们为敌吗？如果你做不到，那么男人同样也做不到。

　　最后，我给 Angela 的建议是：你不能指望你老公帮你出头去拒绝那些女孩。人是无法违背自己的本能的，他是真的感受不到，你也不能要求他做超出本能的事情。

　　这自始至终是你一个人的战争，你得一个人去打。

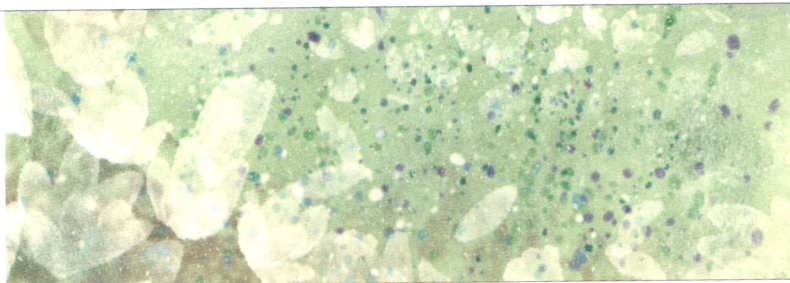

为何越怕家暴的
TA 越容易被家暴

　　S 是我的粉丝，在一次活动中，中场休息，她过来找我。她来自一个父母都喜欢爆 PU 的离异家庭，后来被喜欢爆 PU 的奶奶养育成人。她爱她的爸爸、妈妈和奶奶，但并不认同他们"要么就好好的，要么就闹到死"的戏剧化人生观。S 认为，人有嘴巴就是用来沟通问题的。但是她的前男友，就是个作得一手好死的人，他们在一起三年，他劈腿、哭诉、花她钱、动手，甚至当街骂她蠢。现在她很感谢当年前男友的不娶之恩。

　　从跟前男友分手后，S 三年没有谈过恋爱，因为她觉得恋爱就是继续那种逆来顺受的生活。可是最近又遇到了一个跟前男友特别类似的人，悲观、自私、不考虑别人的感受。理性上她觉得自己无可救药，特别讨厌自己，怎么能在同样的感情里栽跟头呢？但又放不下这个男生。在跟我的聊天中，S 告诉我说，她平时是个比较冷漠不关注任何异性的人，就只有这种特能作的男生总吸引她的注意。她觉得自己对他们也冷漠，就不怕了，但总担心自己遇不到合适的爱情。

　　S 的恋爱就好像心理学当中那头粉红色的大象。如果我跟你说，请你现在不要想着一头粉红色的大象，是不是你的头脑当中立刻就会出现一头粉红色的大象？很多人都知道这个心理学原理，但是他们不知道，人的脑海里是没有"不"这个字的，人类用语言具体表达"不"，这个字是人类社会发展到后期才出现的。而"不"这个字的发展规律说明：当你极力排斥某种异性或者境遇的时候，这种人或者事反而很容易出现。比如说，因为一个女孩很冷漠，所以只有作死的人才能吸引她的注意力；但凡这个女孩热切一些，都能注意到更多的人，就不会只关注那些很能作的人。所以说，要想改变生活，首先要改变自己。

打个比方，如果一个女孩从小就看着妈妈被爸爸家暴，她很害怕家暴，长大之后觉得不管她找个什么样的男人，都不能找会家暴的男人。但是她不知道，不管她跟哪个男人相处，她都会下意识地觉得她忍让这个男人的某些缺点可以换来对方的不家暴。那她可能会挑一个长得不怎么样或者其他条件很差的男人，因为她认为对方条件比她差就会把她当作女神，就不敢家暴她。但是呢，她的忍让中间会不自觉地带有怨气，但凡对方有哪一点没做好，她都会觉得"我都这么降低条件选你了，你还敢对我这样？"那时间长了，跟她在一起的这个男人就会很生气，但是贪图她的高 MV 又舍不得甩掉她。而这个女人因为自己的 MV 远高于对方，觉得自己吃定了对方，对方对她冷淡的时候稍微给个甜笑就和好了，她不懂得这种屌丝女神配，在屌丝冷淡她的时候她就应该主动走人这个道理。那事情发展到最后，这个男人用各种办法都甩不掉她的时候，就只能用她最讨厌的方式——家暴，来逼她走人了。

　　除此之外，这类人还很容易出现另一种情况：两个人在一起生活，难免会有摩擦和争吵，两个人争吵的时候女生经常会不讲理。如果在女人胡搅蛮缠的时候，这个男人露出了一点家暴的苗头，而这个女生马上就害怕了、收敛了。那时间长了，这个男人就会下意识地家暴她。所以说，其实是这个女人自己把对方变成了一个喜欢家暴的人。

　　说回 S，她会出现这种情况，是因为她在不知不觉中就培养对方对自己不好，培养对方成为一个她最不想遇到的那种人，也就是我们俗话说的：你是什么人，就会遇到什么人。所以 S 最应该做的，就是应该学会接纳自己，跟更真实的自己对话，要想改变生活，就从改变自己做起吧。

你要如何接手
男人的财政大权

很多女孩问我，婚后掌握男人的财政大权真的很重要吗？我要如何做才能掌握他的财政大权？我要告诉所有女孩的是，婚后掌握男人的财政大权真的很重要，因为掌握财政大权的意义在于降低男人出轨的可能性。如果财政大权在你手里，就意味着钱没有办法给老公作为加权值去吸引其他的女孩子。

婚后出轨就好像你和老公比赛游泳，如果财政大权在你这儿，相当于他少了条胳膊；已婚的身份，相当于他又少了条腿。他还是游得比你快，不安分，想找外遇，同时还能勾引到其他女孩——这种概率非常小。正常情况下，一个已婚／钱归老婆管的男人，很少还有女孩会看上他求短择。所以女孩在婚后掌握财政大权，其实是给你们的婚姻加上了一重保障。但问题是，你要怎么做，才能让男人主动交出自己的财政大权呢？

我们经常说，强扭的瓜不甜，所有的被强行要求上交收入的男人，或多或少都会留下一部分私房钱。如果老婆管钱管得特别严，男人的钱放在女生那里只进不出，男生想做什么都要不到钱，他会觉得找女生要钱是一件很没面子的事情，长此以往他会有所忌惮。他可能会开辟更多的赚钱途径，而产生的工作之外的高收入，一定是不会让老婆知道的，甚至他们上交的部分也不过是总收入的零头。这样的掌握财政大权，不过是表面，并没有什么实质的意义。而一旦你强行接管了对方的工资卡，就需要对这部分钱负责任。"管钱"和"花钱"是两个完全不同的概念，男人把工资卡交给你，不是让你尽情地花，而是让你去管理，如果你只知道买买买，让他的财产不断在减少，那么即使再体贴的老公，也会心生怨念。

一个男人，如果心甘情愿把钱放在你这里，那么一定是要从你这里获得高收益的。举个非常简单的例子，我们都愿意把钱存到银行，这是为什么呢？因为安全，还有利息。我们会愿意买理财产品，因为收益更高。所以收益是决定我们选择把钱放在哪儿的动因，而在家庭关系里，男人希望从女人这里获得的收益，包含两方面，一方面是感情收益，另一方面是金钱收益。

在感情收益方面，我建议女孩子要高 MV 低 PU，嘴巴甜一些，表达情绪时婉转一些，在他做出一些你期待的举动时给予积极的反馈，能够提供更高的情绪价值。对一个 MV 高 PU 低的女生，男生会特别愿意主动上交财政大权。有些女孩子会在婚前就与对方达成共识，婚后自然顺理成章。比如女孩 Andy，她在让老公上交财权的路上完全是水到渠成，没有一点坎坷。因为从他们恋爱开始，Andy 就向男友灌输，财权就该女人管，男人没有管钱的，男人管不好钱，女人天生会管钱，老公把钱上交是天经地义的事情，时间长了老公自然就这样认为了，所以婚后主动上交了财政大权。Andy 的方式就是未雨绸缪，提早给对方洗脑。

还有一种形式是向对方提条件。这种方式对女生的要求会比较高。首先你在跟男生交往时不能主动去追求对方，需要把自己打扮得很有吸引力，让男人来追你；其次当男生来追求你的时候，你再去跟他提条件。这个条件可以有很多种，比如他对你们的关系有什么打算，他想什么时候结婚，对家庭的未来有什么展望，如何看待和异性交往的边界，是否想要孩子，等等，当然也包括你想要的财政大权。这些都是在结婚之前就要谈好的，你可以让他主动说，也可以自己提，这些问题都解决完了再结婚，婚后掌握对方的财权就会理所当然、顺理成章。

另外，要让男生看到你们在金钱上的收益。人都是趋利避害的动物，如果你是一个很会投资理财的人，让对方觉得把钱放在你这里只会越来越多，他当然会主动上交了。我有一个朋友，是一个单身隐形富豪，他经常会跟身边的朋友说，娶老婆一定要找一个比较会理财的，比如我给她一千万，她最好能通过理财的方式每年获益一百万。前段时间，《人民的名义》这部电视剧特别火，可你们知道男主演陆毅的妻子就是一个理财高手吗？投资买房、炒股，早已帮陆毅积累了过亿身家。所以陆毅在上节目时不止一次表示，自己的钱都会如数上交。而当记者问他最成功的投资是什么时，他也直言不讳地说：娶到一个好老婆。也许很多女生会说，理财真的很难啊，要怎样才能实现赢利呢？现在科技这么发达，理财 App/ 网站特别多，小额定投也很便利，只要你多花一些时间去钻研，总能找到更适合你的理财方法。

　　如果你实在不会赚钱，那"会"花钱总可以吧。这个花钱，可不是说你可以大手大脚随便挥霍，而是要学会花最少的钱，享受最好的生活。女孩悠悠就是这方面的高手，她和她老公刚毕业没多久就结婚了，因为刚参加工作没多久，收入都不高，但是因为她是一个比较"会"花钱的人，所以他们生活得依然像高收入的小资。每周都出去看一场话剧，听听演唱会，还能每年出国游一次，同时老公因为工作需要要上各种进修班，她也能帮忙打理好并且支付了全部费用仍然有剩余，丝毫没影响到他们的幸福生活。她的做法很简单，首先把钱做好规划，将收入分成若干个部分，日常费用、交通费用、调剂生活费用、进修费用，等等。除了进修费用，其他费用一旦做好规划就会严格执行，一旦达到上限就会立刻停止那一部分的消费，绝对不会超支。她还下载了各种美食娱乐的App，许多 App 上线之初，或者很多商店刚刚入驻 App 的时候，会有很多优惠活动，能在享受生活的同时还省下很多钱。等到优惠期过了，她就会重新寻找新的 App 或者打折优惠福利。虽然过程有些烦琐，但因为总能将收入几千元的生活过成收入过万的既视感，生活品质提高，自己开心，老公也很愿意把钱都交给她管。

　　有的女孩说，赚钱和打理生活我都不太擅长，那怎么办？就只剩下了最简单的方式——省钱。我有一个粉丝，新婚不久，财政大权刚刚拿到手。因为她平时有理财的习惯，会定期买一些银行的理财产品。刚开始和老公谈恋爱的时候，总是喜欢买买买，她老公就说坚决不会让她管钱。但慢慢发现她是在理性消费，最经常的开支也就是买点水果零食，衣服不打折不买，还比较理性，又懂理财，炒股也不跟风，结婚后就把钱交给她去管了。自从管钱以后，她经常会在老公面前说，现在要管钱了，觉得很多东西都好贵，舍不得买，老公就很开心，更放心把钱交给她管了。有些女孩不禁要问，是不是我接了对方的财政大权，就一定要降低自己的生活质量，什么都不能买？当然不是。我认识一个特别有心机的女孩，她特别能花钱，几千块钱的化妆品说买就买，眼睛都不带眨一下的，但是她在老公面前，表现得却特别抠门。两个人出去，吃饭、看电影、听音乐会，一定要在 App 上团购，买东西只要能讨价还价的绝不含糊，所以虽然她比较舍得给自己花钱，但老公总觉得她是一个很会过日子的女生，也很放心把钱交给她。

掌握了男生财权的女生，千万不要觉得你就可以大手大脚随便花钱。也许许多女孩会想，如果他不舍得我花他的钱，干吗还要交给我？既然交给我了，就应该什么事情都由我做主。但涉及钱财的事情，一定要尽量做到尊重对方，多跟对方沟通，让他了解钱的去向。因为如果一个女生，总是特别能花钱，把他多少年省吃俭用攒下来的积蓄在短时间败个精光，相信不管是哪一个男人，心理压力都会很大，也会觉得自己多少年的奋斗在短时间化为乌有。这会让他觉得跟你生活在一起，不管他付出多少，多么辛劳，都看不到一丝希望，你们的感情也会受到特别大的考验。所以管钱是要靠智慧的，女孩子在理财方面的智慧，会让男人觉得在你身上看到生活的希望，让他觉得有你在，他的压力会减轻，而不是逐渐加重的。

A 私房课

**房产证上
如何加自己的名字**

Q 问:

　　自从接触了你的理论,我一直努力降 PU,使得感情浓度有了很大的提升,现在也快跟男朋友结婚了。但是婚前男友同意房产证上写我的名字,婚期将近他却突然变卦说房子都是他父母的,他做不了主,不知道怎么跟他妈开口。想请问一下娃娃这种情况我要怎样才能让他在房产证上写我的名字呢?

A 答:

　　我们常说在一段两性关系中,谁对这段关系的依赖性更强、谁的投入更高、谁更需要这段关系,相对来说谁就更没有发言权。你就是遇到了这种状况,你的投入比他多,你更需要这段关系,而他觉得自己不用满足你的要求就可以得到这段婚姻,所以进行了婚前杀价。

　　如果在这件事上,你保持了沉默,被杀价成功,默许了他的做法,以后你只会变得越来越被动。哪怕结婚之后,他同意加你名字,也还是有可能反悔。

解决方法也有很多，比如说，让你父母出面跟他讲加名的事情；或者你父母在装修和家具等方面进行一定的资助，再要求加名；你还可以使用后撤的方法；等等。

总之，我能给出的建议就是，你们一定要先解决掉加名的问题，再进入这段婚姻。而且我觉得你一定要认识到的是，他既然做出了婚前杀价的行为，你应该退一步去重新考虑这段关系，不要认定了就非和这个人结婚。

私房课
PANPANPA

老公
想管钱

Q 问：

娃娃你好，我最近刚刚领证，和老公为了以后家里经济权归谁管的问题有过几次摩擦，老公想他管，我想我们各自的钱各自管。生活上平时都是老公花钱，但因为老公比较帅，家里人给的意见就是让我掌握经济权。我们俩都刚工作不久，我手上存款略多一些，最近转了一笔钱回家让父母帮我存着被老公知道了，他生气地说，那我以后不赚钱了。我不明白什么意思，后来他给我解释说把钱转到父母那儿存着让他没有安全感。可是那钱是我自己婚前存的，转给父母后面还是要给我们装修用的。为何老公会心情不好，我不太明白，请娃娃帮助。谢谢。

A 答：

很早以前我在飞机上遇到过一个和你有相似苦恼的女孩，她特别不开心地向我倾诉说，为什么她花自己赚的钱，老公还要管着她？当时我反问她说：男人赚钱养家的下一句是什么？女人貌美如花，你做到了吗？她应该从未想过，当时就愣住了。

　　"男人赚钱养家"是指男人提供了最高级别的养育资源，"女人貌美如花"是指女人提供了最高级别的生育资源，只有最高级别的生育资源才能置换到最高级别的养育资源，否则这段关系无法达成平衡（除非同意做大房）。

　　说回你，"我想我们各自的钱各自管。生活上平时都是老公花钱"，你认为你赚的钱应该自己花，老公赚的钱就应该给两个人花，在这里同问你一句：你做到貌美如花了吗？如果没有做到，那就要为家庭开支出一份力。

　　如果你的 MV 只有中等水平，那么老公出一个中等程度的养育资源是合理的。在自己只能做到 50 分的时候，不要苛求对方做到 100 分。

　　另外，将心比心地说，如果今天你和老公的立场对调，变为他婚前存了一笔钱，在婚后转到了他父母那里存着，你知道了以后心情会好吗？肯定不会，也会觉得没有安全感，所以他现在心情不好是正常的。

　　最后提醒各位一句，经济大权归谁管这个问题最好在婚前商议好，否则婚后再来规划很容易产生摩擦。

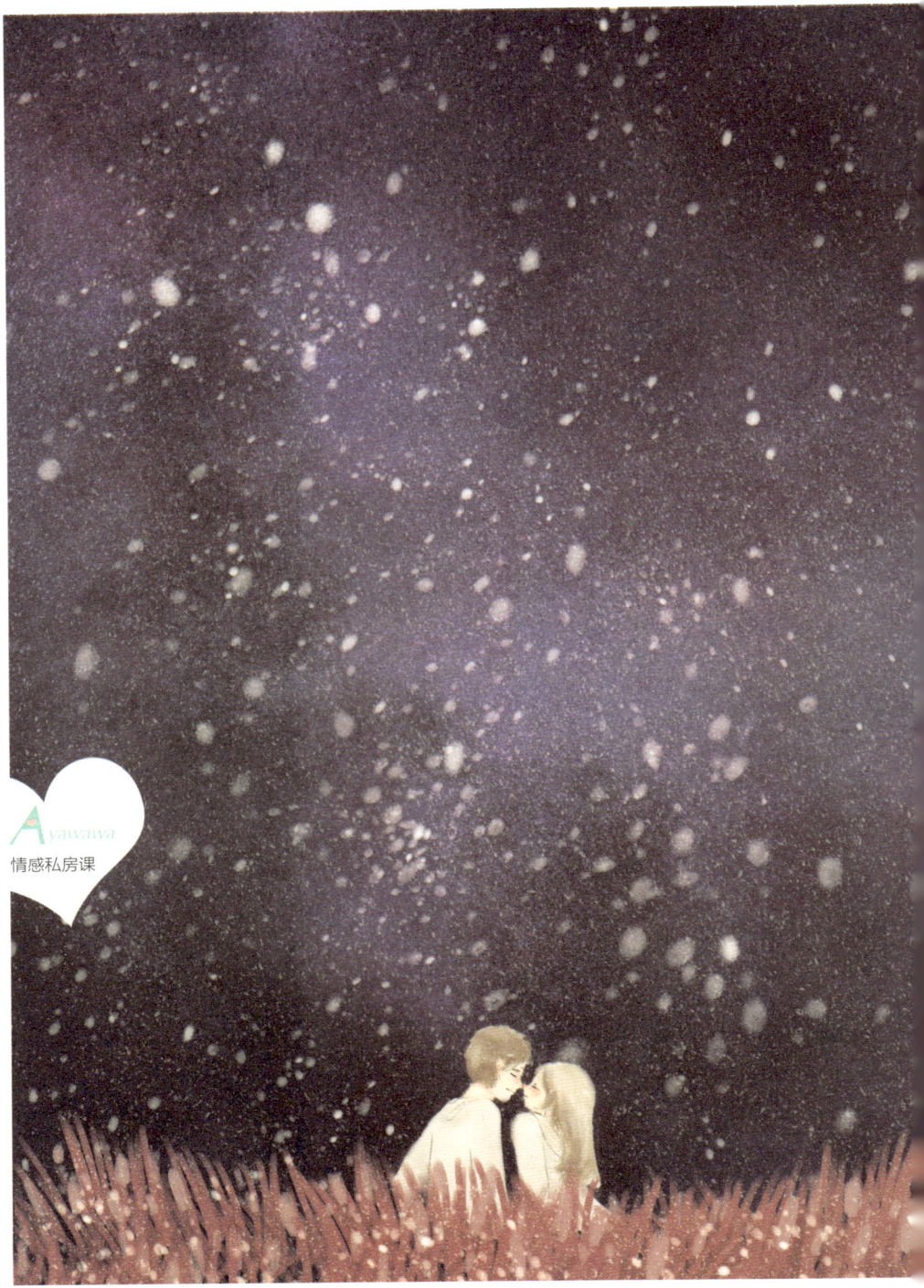
Ayawawa
情感私房课

一提到婆媳关系，我相信有不少女生都会头疼不已，甚至很多已婚男生，也会被这个看似简单的词语困扰得寝食不安。

婆媳关系的难处理在中国由来已久，东汉有名的《孔雀东南飞》讲的就是一个没处理好婆媳关系导致夫妻双双殉情的悲情故事。远的不说，就说现在电视剧里面的那句俗语"媳妇熬成婆"，都隐含了女生在嫁人后重新融入一个新家庭的种种心酸与难处。

婆媳关系为什么难以处理？因为婆媳之争就是权力之争。

婆婆一生辛苦养育了一个甚至几个儿子。当这个孩子长大成人，她会希望自己的后半生能依靠这个孩子，老有所依。可是她的如意算盘没打好，这个儿子二十几岁爱上了另外一个女人，当儿子的注意力都在自己的女朋友身上了，她比较多的受关注度就被分掉了。而且到了这个年龄，她的事业也在走下坡路，就要失去她的社会角色、社会属性所给予她的位置了。在这种情况下，婆婆会有很强的失落感，她会担心，如果我是没有价值的人，不被大家需要，不被大家重视的话，那我以后的生活会变成什么呢?

在双重的失落下，婆婆会想去证明这个年轻的姑娘不会夺走她的一切。就像你用各种各样的方法去考验一个男人是不是靠得住一样，婆婆也要去验证，她也要通过各种各样的事情，来验证这个媳妇和儿子是否能够在未来给她一个家，给她一个支持，是否能接纳她。

我说过这么一个故事，有个女孩新婚不久，婆婆就开始抱怨她不整理自己的内衣。后来被说得多了，她觉得很厌烦，但是又不好当面说出来，于是她偷偷地将每天换下来的内衣藏好，等存了几天后一起洗，以此表示抗议。后来，无论她怎么藏，婆婆总能找出来并当着她的面用手搓洗她的内衣。

我们来分析一下：这个女孩显然可以每天洗完澡后顺手就把内衣裤给洗了。可她不愿意，因为她觉得这是婆婆的生活方式，如果自己这样做了，便合了婆婆的意，于是她的抗议方法就是，等攒够了一起洗。而婆婆后来多次当着她的面用手搓洗着她贴身穿的内裤，正是打算以这种半带羞辱也半带作践自己的方式表演给她看：我亲自示范给你看怎么过日子，我就不信我天天在你眼前做这些，你能不在意?

当两人进入这种恶性循环里，试问婆媳关系又怎能和睦? 传统中国家庭，重亲子关系，轻夫妻关系。而年轻一代（尤其是年轻女性），接受过现代教育，把以爱情为纽带的夫妻关系视作家庭的核心。两种观念，必然产生冲突。这种冲突并不会一下子就爆发，而是通过一件件小事堆积而成的，是一个个细节固化后爆发的。

既然意识到婆媳关系是通过一件件小事堆积而成的，那我们可以从以下几点入手：

一、不要过分强调婆婆和媳妇之间的亲密关系

媳妇就是媳妇，婆婆就是婆婆，不要硬把两者扯成"母女关系"。可以想象一下，一个二十多年来，没有和你见过面的人，你会把她当作亲妈吗？说出来，自己也不信吧。婆婆是你老公的妈妈，是你孩子的奶奶，但不是你妈妈。

很多电影或电视剧都会有这样的桥段：男主娶了一位单亲妈妈，结婚后就升格成了继父。他总想把那个孩子当成自己亲生的一样去教育：给他讲道理、检查他的作业，结果搞得自己里外都不是人。那个小孩非常讨厌他，经常跟妈妈投诉说，他一点都不爱我，对我非常不好。妈妈也会心疼，觉得是不是因为这个孩子不是你的，所以你对他那么严厉，你是不是不喜欢这个孩子，不想要这个孩子啊？

想把对方当成自己的亲生父母、亲生儿女去对待是一个美好的愿望，但是别忘了一个根本的不可改变的事实——你们真的没有血缘关系。有血缘关系，你自然就能够接受那个人的很多事，你会很自然地相信他是爱这个孩子的，但是没有的时候你就是没有办法往爱这个方向上去引领。

所以我们最好不要去奢求这个关系是可以替代血缘关系的，因为血缘关系是无可替代的一种关系。我们能做的就是尊重她、孝敬她，尽自己的能力去把这个关系处理好。而当你把自己从这种期待中解脱出来的

时候，你反而会比较容易接纳对方。

　　我们可以想象一下，如果隔壁的邻居有什么事情做得不好，你会去跟他吵架吗？大多情况下，不是非常重要的事情，或者不是很触怒你的话，你都可以很宽容地去对待这些事情。但是如果是你的亲人，而且是一个至亲的人做了这样的事情，你会原谅吗？不会。因为我们就是对自己越亲密的人挑剔度越高。

　　所以我们不如把自己放低一点，这个人就是对方的父母，而我是一个外来的人。就像客人一样，我要给予他 / 她足够的尊重和孝敬，做好我自己分内的事就好了。

二、多反过来想一想，婆婆为我做了什么

　　在生活当中，如果年轻的女孩跟婆婆住在一起，总会有矛盾和摩擦。两个生活在不同年代里的人，生活习惯和思维习惯的不同，导致她们处理事情的方式也会不同。这些苦恼是谁都不能避免的，关键是看我们怎么去想，怎么去处理这个问题。

　　有一个粉丝向我抱怨说，她的婆婆非常不近人情，在与婆婆相处的过程中经常会发生一些细节性的争执。比如说女孩会很注意活动的范围和区域，但婆婆总是用同一个抹布从厕所擦到厨房；婆婆是一个比较勤劳的人，每逢星期天休息的时候，婆婆就会指桑骂槐，让她睡不成懒觉。

　　以这段描述为例，我们需要从这段话里面听出她所传递出来的正向的信息：

　　第一，我们听到的是，这个婆婆很勤快，她经常在家里干活，把家里收拾得很干净，可以给年轻人提供一个很好的生活环境。第二，这个婆婆很节俭，尽管她的持家方法不一定能得到媳妇的认可。第三，媳妇说这个婆婆不让她睡懒觉，这种行为的出现，是因为心理层面的指引。婆婆是在找平衡，你看不惯我的某些地方，我也要让你知道你也有不如我的地方。第四，我听到了这个媳妇其实是蛮有优越感的，她看不上婆婆。

　　我想给大家一个忠告，你千万别把周围的人都当成傻子，以为人家不知道你内心里的优越感。当你潜意识里把自己放在一个高的位置上，而把别人放在一个低的位置上的时候，你的眼神、你的神情、你的肢体语言统统会告诉对方你看不起他，对方会感受到的。

　　这个案例能判断你注意的都是哪些问题。如果你的注意力总是放在婆婆跟我作对这件事情上，你一定能找到越来越多的理由、证据证明这个婆婆真的是糟糕至极的婆婆。反过来，如果你能把你的注意力放在婆婆对我们家做了什么、婆婆对我做了什么，你也会找到很多证据。

　　既然反过来找到的证据会让你越来越舒服，非常幸福，何乐而不为呢？

三、拓展婆婆的生活内容，分散她的注意力

　　我先讲个案例吧：我有一个朋友她很聪明，新婚不久就开始收买婆婆的心，先从逛街开始，然后带婆婆去吃饭，这样感情一点一点增进后，婆婆开始愿意听她讲话了。再然后，她开始带着婆婆一起去做其他的活

动，譬如上瑜伽课、健步行，等等。她用这样的方式，让婆婆自己慢慢有越来越多的朋友，最后婆婆开始去上老年大学，整天拿着手机和同龄人发微信聊天。婆婆的注意力得到了转移，也就懒得再参与他们夫妻的事情了。

婆婆的生活范围太狭窄，没有其他的事物能够转移她的注意力，那么她的全部心思就会放到儿子身上。当她太爱儿子、太在乎儿子的时候，就会对儿媳充满了敌意，家庭战争也就开始了。但是如果女孩能够帮助婆婆拓宽她的生活，让她有更多的关注点，分散她的注意力，让她的心思从儿子的身上有所转移，那么婆媳之间的矛盾也会减轻许多。

最后，需要注意的是，在中国，母子两人的命运总是被紧密连接在一起的。《二十四孝》中有一大半的故事都是讲孝顺母亲的，只有几个讲孝顺父亲，可见孝顺母亲多么深入人心。在这样的文化背景下，简单粗暴地要求丈夫不站在婆婆一边恐怕在大多数家庭中是难以达到的。伴侣的父母对你来说可能是刚认识不久，并没有多少感情，但对你的伴侣而言，却充满从小到大点点滴滴的温情回忆。理解和尊重了这个前提，处理婆媳关系才能以亲情为先，在家庭中以和平代替战争。

私房课 PANPAN

婆媳关系

Q 问：

娃娃姐和小助手们，你们好！非常感谢你们每天推送很多有代表性的问题，很感激。现在遇到了和准婆婆的矛盾，恳请娃娃姐能指点一二，谢谢您！因现在涉及婚前买房子，准婆婆想买大房子，并且婚后想和我们一起住。我明确和男朋友表示过不希望婚后与父母住在一起。准婆婆认为这是不孝顺，责怪男朋友有了媳妇忘了娘，甚至说还不如当初领养个孩子。男朋友夹在中间很难做，也不愿意在我和他妈妈之间做选择，说是让我们俩自己选择。这是否是不担当的表现呢？怎么才能让婆婆打消婚后同住的念头呢？谢谢娃娃姐。

A 答：

著名作家六六在《双面胶》中写过一段关于男人对婆媳关系影响的比喻，大意是：男人的作用就好像双面胶，要把两种不同材质的物品黏合在一起，才会有利于婆媳关系乃至家庭的稳定。

但是很明显，男友现在不愿意承担这份缓冲和调和的职责，而把全部责任推给了你，"看是选择房子还是选择自己"，让你自己选择要么和婆婆同住，要么分手。可见他在婚前五问中落水题肯定是失分的。我在《完美关系的秘密》第 297 页中讲过，落水题丢分的具体处理方法，就是要把婆婆当成亲妈一样对待，这段关系才能比较好地维系。

但以你目前的情商来看，要做到这一点很难。

让婆婆打消婚后同住的念头几乎是不可能的，因为这对母子都觉得他们对你有控制权。如果你是有话语权的人，在听到"看是选择房子还是选择自己"时，可以回男友说"看你是选择我还是选择你妈"。但是很明显你做不到，因为你比男友更贪恋这段关系。

在没有主动权的关系里，遇到问题就需要你做出一些妥协，所以你现在只能要么接受和婆婆同住，要么就分手找一个不需要你和婆婆同住的男友吧。

私房课

**老公总拿
我和小姑子比较**

Q 问：

娃娃你好，我和老公结婚半年，我 MV 高于他，年龄小他十岁，婚后低 PU，嘴甜，感情浓度高。但是他总是喜欢拿小姑子跟我比，觉得小姑子跟我一样小，对小姑子保护欲也高，而且平时在我面前总是提起小姑子小时候的事情。实际小姑子比我大六岁，平时喜欢穿黑丝超短，喜欢在所有男人面前扮柔弱，自己有一个到谈婚论嫁地步的男朋友却还跟别的男人聊骚，还公然在朋友圈发类似裸照的照片。喜欢向自己哥哥索取情绪价值，经常要跟我老公视频和微信聊天，甚至有一次发裸睡盖被子的自拍给我老公。我老公并没有回应她，但也没有觉得他妹妹的行为有所不妥。请问娃娃，在老公跟我提起小姑子的时候我该怎样回应他才能避免他以后总提起小姑子？爆小姑子 PU 对老公有用吗？

A 答：

下次你老公再提起小姑子的时候，你只需照常做自己的事情就好，淡淡地回应他说的内容，不要做出过激的反应，时间长了你老公就不会再提她了。

同时也不要想去爆小姑子的 PU，原因有以下两点：

第一点是对方段位比你高出太多。

从你的描述来看对方是一位典型的绿茶妹（是不是绿茶婊不好下定论），绿茶的原因究竟是她天生情商较高还是其他暂时还不能确定。但是从你的表述上来看，以你的段位没有办法爆到她的 PU。所以不要贸然出招，弄巧成拙很容易没有爆到对方的 PU 反而升高了自己的 PU。

第二点是两个人从小一起长大，这份感情自带低 PU。就算你爆到了对方的 PU，也不会对他们的关系产生很大的影响。

最后，我想和你讲一个之前看到的笑话。有一天 A 出门找碴儿，到处叫嚣："谁敢惹我？"结果一个壮汉 B 一把拦住他，说："我敢。"这人打量了一下，立马站到那壮汉 B 身边，说："谁敢惹咱俩！"

建议你学习笑话中 A 的做法——面对无法打败的对手时与之结盟。这么做对你这段关系的好处也有以下两点：

第一就是小姑子和其他女人不同，不可能成为你的情敌，多一个朋友总比多一个强大的对手好很多，对你的家庭稳固也更加有利。

第二就是这种绿茶妹的女性朋友很少，与她们成为朋友成功率很高。有这样一个绿茶妹榜样在身边，你提高 MV 降低 PU 的过程，也会更顺利。

情感私房课

图书在版编目（CIP）数据

Ayawawa 情感私房课：如何得到你想要的婚姻与爱情 / 杨冰阳著. —长沙：湖南文艺出版社，2017.9
ISBN 978-7-5404-8207-7

Ⅰ．① A⋯ Ⅱ．①杨⋯ Ⅲ．①爱情 – 通俗读物②婚姻 – 通俗读物 Ⅳ．① C913.1–49

中国版本图书馆 CIP 数据核字（2017）第 160393 号

上架建议：两性·情感

Ayawawa QINGGAN SIFANG KE: RUHE DEDAO NI XIANG YAO DE HUNYIN YU AIQING

Ayawawa 情感私房课：如何得到你想要的婚姻与爱情

作　　者：杨冰阳
出 版 人：曾赛丰
责任编辑：薛　健　刘诗哲
总 策 划：洪　震
特约策划：蔡雯静
监　　制：蔡明菲　邢越超
选题策划：李　娜
特约编辑：田　宇　温雅卿
插　　画：Milky.Ko
封面设计：壹　诺
插　　画：Lylean Lee
版式设计：李　洁
营销推广：李　群　张锦涵　姚长杰
出版发行：湖南文艺出版社
　　　　　（长沙市雨花区东二环一段 508 号　邮编：410014）
网　　址：www.hnwy.net
印　　刷：北京市雅迪彩色印刷有限公司
经　　销：新华书店
开　　本：880mm×1270mm　1/32
字　　数：186 千字
印　　张：8.5
版　　次：2017 年 9 月第 1 版
印　　次：2017 年 9 月第 1 次印刷
书　　号：ISBN 978-7-5404-8207-7
定　　价：39.80 元

质量监督电话：010-59096394
团购电话：010-59320018